# A sabedoria dos xamãs

Dados Internacionais de Catalogação na Publicação (CIP)
(Câmara Brasileira do Livro, SP, Brasil)

Ruiz, Jose
  A sabedoria dos xamãs : ensinamentos toltecas sobre o amor, a vida e a reconexão com a natureza / Don Jose Ruiz ; tradução de Karen Clavery Macedo. – Petrópolis, RJ : Vozes, 2022.
  Título original: The Wisdom of the Shamans
  ISBN 978-65-5713-550-1
  1. Sabedoria – Ensinamentos 2. Toltecas – Religião 3. Xamanismo I. Título.

22-104892                                          CDD-291.144

Índices para catálogo sistemático:
1. Xamanismo : Religião  291.144

Maria Alice Ferreira – Bibliotecária – CRB-8/7964

Don Jose Ruiz

# A sabedoria dos xamãs

Ensinamentos toltecas sobre o amor,
a vida e a reconexão com a natureza

Tradução de Karen Clavery Macedo

Petrópolis

© 2018 by don Jose Ruiz.

Tradução realizada a partir do original em inglês intitulado *The Wisdom of the Shamans – What the Ancient Masters Can Teach Us about Love and Life*.

Direitos de publicação em língua portuguesa – Brasil:
2022, Editora Vozes Ltda.
Rua Frei Luís, 100
25689-900  Petrópolis, RJ
www.vozes.com.br
Brasil

Todos os direitos reservados. Nenhuma parte desta obra poderá ser reproduzida ou transmitida por qualquer forma e/ou quaisquer meios (eletrônico ou mecânico, incluindo fotocópia e gravação) ou arquivada em qualquer sistema ou banco de dados sem permissão escrita da editora.

**CONSELHO EDITORIAL**

**Diretor**
Gilberto Gonçalves Garcia

**Editores**
Aline dos Santos Carneiro
Edrian Josué Pasini
Marilac Loraine Oleniki
Welder Lancieri Marchini

**Conselheiros**
Francisco Morás
Ludovico Garmus
Teobaldo Heidemann
Volney J. Berkenbrock

**Secretário executivo**
Leonardo A.R.T. dos Santos

*Diagramação*: Sheilandre Desenv. Gráfico
*Revisão gráfica*: Nilton Braz da Rocha
*Capa*: Ygor Moretti

ISBN 978-65-5713-550-1 (Brasil)
ISBN 978-1-938289-84-2 (Estados Unidos)

Este livro foi composto e impresso pela Editora Vozes Ltda.

# Sumário

*Prefácio*, 7

*Preâmbulo*, 11

*Explicação dos termos-chave*, 15

*Introdução*, 17

1  A águia e a cobra, 29

2  O Homem do Rio, 41

3  O nascimento de Quetzalcoatl, 55

4  A floresta, 67

5  A iniciação da cascavel, 81

6  A caverna do diabo, 93

7  Divindade e discernimento, 105

8  O Dia dos Mortos, 117

*Posfácio*, 131

# Prefácio

Imagine estar vivo há centenas ou mesmo milhares de anos. Você está sentado à beira de uma fogueira, no alvorecer da memória humana. Outros estão reunidos com você em torno do brilho quente das chamas, e todos são banhados pela luz de um círculo sagrado. Inclinando-se para a luz, uma pessoa começa a falar. Um tronco racha, lançando uma explosão de brasas para o céu escuro. A história começa:

*Certa vez, houve uma mulher que se viu perdida no deserto. Ela perambulou por dias sob um céu carregado de nuvens. Envolvida em camadas de escuridão, cambaleou pela paisagem, com as mãos vazias e a pele fria. Finalmente, exausta, ela caiu de joelhos e virou o rosto para os céus.*

*Lá, ela viu que as nuvens se abriram, revelando uma onda de estrelas brilhantes. Então, olhou fixamente para elas. Cada uma – pensou – enviou sua luz para mim. O brilho de cada estrela – mesmo daquelas que morreram há milênios – está me alcançando agora. Mas o que a luz alcançou? O que eu sou? Qual é a verdade sobre mim?*

Você vê com os olhos da mente a luz das estrelas e sente a lição das palavras se estabelecer em seu coração. A história trouxe um reflexo da verdade. Isso lhe possibilitou perceber que você não se resume às suas funções, aos seus desejos, ao seu destino ou mesmo ao seu corpo. A verdade é que não temos ideia do que somos; tudo o que sabemos é que somos.

A verdade muitas vezes precisa de um espelho, pois por vezes não conseguimos vê-la em si mesma – apenas o seu reflexo. Desde os tempos antigos, professores, mestres e xamãs têm refletido a verdade por meio da narrativa. Talvez seja uma das formas mais antigas de ensino, e embora as palavras possam desaparecer assim que a história terminar, as lições que elas nos ensinam podem durar uma vida inteira.

À medida que nos movemos pelo mundo, a mente conta um milhão de histórias por dia. Por exemplo, eu poderia colocar duas palavras aleatórias em uma página:

        Sótão                Orgulhoso

A sua mente já começou a trabalhar. Você encontrou uma conexão, talvez várias, e as histórias estão começando a enviar sementes à terra para que possam florescer. Não podemos evitar – nossas mentes são máquinas de contar histórias.

Por isso, podemos dizer que as histórias são como um elemento da mente, assim como a terra, a água, o ar e o fogo são elementos do corpo. Assim como os elementos primordiais, as histórias podem limpar, queimar, revelar ou criar, e as lições que nos ensinam podem ser usadas para construir pontes, fazer conexões sinceras e revelar poderosas ideias que nos conduzem na direção da verdade.

No livro que você está segurando agora, Don Jose Ruiz, meu segundo filho, compartilha a sabedoria da tradição xamânica de nossa família. Essa sabedoria tem sido transmitida, geração após geração, na forma de histórias. Ele também divide com você a sua própria verdade sobre o significado mais profundo que essas histórias refletem.

Embora as histórias façam parte do nosso sonho da realidade e por isso lhes damos o devido valor, devemos lembrar que elas são apenas *reflexos* da verdade – não a própria verdade. Como aprenderá em breve, a verdade que você busca está aí dentro de você, e essas histórias, assim como a sua própria história, apenas podem lhe indicar essa verdade.

A sabedoria é a compreensão de que você tem uma escolha em sua história. Se você não gosta da história que está vivendo, eu o convido a escrever uma nova. Deixe a sabedoria deste livro ser o seu guia para fazer isso.

*Don Miguel Ruiz*
Autor de *Os quatro compromissos*

# Preâmbulo

Muito tem sido falado e escrito sobre os xamãs da América do Norte e da América Central desde que os europeus começaram a chegar em massa a este continente há mais de 500 anos. Os xamãs foram chamados de tudo, feiticeiros, curandeiros e até magos. As suas ideias sobre a vida foram frequentemente consideradas como primitivas, incultas, supersticiosas e não tão "iluminadas" como as congêneres europeias.

Quase sempre se presumia que os xamãs eram homens, uma presunção comprovadamente mais baseada no preconceito daqueles que escreveram sobre eles do que em fatos históricos. Particularmente essa ideia nunca me ocorreu, porque, durante o meu crescimento, a minha avó era a xamã mais poderosa de nossa família.

Linguisticamente, a palavra *xamã* não teria significado nada para a grande maioria das culturas nativas fora dos grupos do nordeste da Ásia, onde o termo provavelmente se originou. Em minha própria tradição, a do povo tolteca, do atual México, os xamãs eram chamados de *naguals*, que significa "os despertos" em nossa língua nativa náuatle. É interessante ressaltar que a palavra *nagual* tem mais um significado: é também a palavra para a energia da força vital, a divindade que todos temos dentro de nós. Ao mesmo tempo, podemos ver que os toltecas acreditam que todos são *naguals*, mas os xamãs são aqueles cujos olhos estão abertos para essa compreensão.

Por uniformidade, e porque qualquer palavra em si mesma não tem significado sem que concordemos com ele, usarei *xamã* ao longo deste livro para descrever uma pessoa que despertou para a compreensão de que nós somos toda essa energia vital fundamental, pois esse é o termo mais familiar no mundo moderno.

Em uma escala global, o *xamanismo* se refere à tradição espiritual ou religião das culturas nativas em todo o mundo. Diz-se que essas tradições espirituais têm certas coisas em comum: respeito pela natureza, respeito por toda forma de vida e respeito pelos seus antepassados. Embora tudo isso seja verdade, este é apenas o menor dos começos do que significa praticar o xamanismo.

A boa notícia é que estamos vendo essas velhas ideias sobre o xamanismo se abrirem aos últimos tempos, em parte graças ao trabalho de meu pai, Don Miguel Ruiz, bem como pelos esforços de Carlos Castaneda e de muitos outros. O mundo moderno está começando a alcançar o que a minha família conheceu e transmitiu por meio da tradição verbal há mais de mil anos, ou seja, que os xamãs eram tanto homens quanto mulheres e que suas ideias eram tudo menos primitivas. De fato, os papéis que eles desempenhavam em suas comunidades eram uma combinação sofisticada das funções de filósofo, líder espiritual, médico, psicólogo e amigo.

Nesse contexto, algumas questões começam a surgir: O que esses antigos mestres sabiam? Como eles adquiriram e transmitiram esse conhecimento? E esse conhecimento pode nos ajudar na maneira como vivemos nossas vidas no mundo moderno? Responder a perguntas como essas é o objetivo deste livro.

Como você verá nas páginas seguintes, é minha convicção pessoal que a sabedoria dos antigos mestres não era algo primitivo ou reservado apenas a pessoas do sexo masculino, mas uma série complexa e poderosa de ensinamentos disponíveis para toda a humanidade. É a sabedoria de despertar, de encontrar a sua própria liberdade pessoal, de viver em paz e harmonia e de servir aos outros e ao planeta.

Simplesmente é a sabedoria do *amor e da vida*.

# Explicação dos termos-chave

**Apego**: a ação de pegar algo que não faz parte de você e torná-lo parte de você por meio de um investimento emocional ou energético. Você pode se apegar a objetos externos, crenças, ideias e até a papéis que desempenha no mundo.

**Consciência**: a prática de prestar atenção no momento presente ao que está acontecendo dentro do seu corpo e na sua mente, bem como em seu entorno imediato.

**Domesticação**: o principal sistema de controle no Sonho do Planeta. Desde muito jovens, somos apresentados a uma recompensa ou a uma punição por adotarmos crenças e comportamentos que os outros consideram aceitáveis. Quando adotamos essas crenças e comportamentos como resultado quer da recompensa ou da punição, podemos dizer que fomos domesticados.

**Sonho do Planeta**: a combinação de cada ser no sonho pessoal do mundo ou o mundo em que vivemos.

**Mitote**: uma palavra náuatle que significa caos e faz referência à ideia de que é como se mil pessoas estivessem falando em sua mente ao mesmo tempo e ninguém estivesse ouvindo.

***Nagual***: uma palavra náuatle com dois significados. Primeiro, essa era a palavra para os xamãs do povo tolteca; e, segundo, essa palavra era usada para descrever a energia da força vital e a divindade dentro de todos os seres.

**Náuatle**: língua dos antigos povos toltecas.

**Narradores**: as vozes em sua mente que falam com você ao longo do dia, que podem ser positivas (aliadas) ou negativas (parasitas).

**Aliada**: a voz do narrador quando o inspira a viver, a criar e a amar incondicionalmente. A aliada também pode oferecer uma conversa interna construtiva.

**Parasita**: a voz do narrador quando usa suas crenças, formadas por meio da domesticação e do apego, para manter o poder sobre você, colocando condições em seu amor-próprio e na sua autoaceitação. Essa voz negativa causa tristeza, ansiedade e medo.

**Sonho pessoal**: a realidade única criada por cada indivíduo; sua perspectiva pessoal. É a manifestação da relação entre a sua mente e o seu corpo.

**Xamã**: aquele que é despertado para a compreensão de que todos os seres são energia da força vital e que os seres humanos estão sonhando o tempo todo.

**Conhecimento silencioso**: um conhecimento que está para além da mente pensante/perspicaz. O conhecimento silencioso é a profunda sabedoria que existe em todas as coisas.

**Teotihuacán**: uma antiga cidade do centro-sul do México que foi a casa do povo tolteca há 2.500 anos, conhecida por suas pirâmides.

**Povo tolteca**: um antigo grupo de nativos americanos que se reuniam no sul e no centro do México para estudar a percepção. A palavra *toltec* significa "artista".

**Guerreiro tolteca**: aquele que está comprometido em usar os ensinamentos da tradição tolteca para vencer a batalha interna contra a domesticação e o apego.

# Introdução

A sabedoria que você busca está dentro de você.

Pare um momento e sinta a verdade dessas palavras.

Um dos aspectos mais importantes do xamanismo é que dentro de cada um de nós está a luz, a divindade ou, como diriam os meus antepassados, o *nagual*. Cada um de nós tem a sua própria verdade dentro de si. A questão do xamã é encontrá-la, vivê-la e expressá-la.

Ao contrário de algumas outras tradições, o xamanismo não se baseia na hierarquia e na deferência para com os mestres do passado ou em seguir um texto sagrado com crença cega, mas em descobrir as verdades dentro de si e trazê-las para o mundo a fim de se tornar um mensageiro da verdade, um mensageiro do amor.

O caminho do xamã é, em grande medida, uma jornada individual. Rituais, livros, ferramentas e até mesmo outros xamãs servem apenas como guias para encontrar a sabedoria que vem de dentro de você. Não existem duas viagens xamânicas iguais, pois cada um de nós acaba por fazer o próprio caminho, criar a própria arte e expressar a beleza desse caminho à sua própria maneira. É por isso que costumo dizer que você é discípulo e mestre na jornada xamânica, e a vida se expressa por meio de você.

Na minha tradição, a do povo tolteca do centro-sul do México, dizemos que todos somos artistas. De fato, a palavra *toltec* significa "artista". Isso não se limita à compreensão tradicional da palavra como, por exemplo, quando faz referência a pintores, escultores etc., ou apenas aos membros da minha tribo ancestral; essa designação se estende a todas as pessoas deste lindo planeta. A verdade simples é que cada ser humano é um artista, e a arte que criamos é a história da nossa vida.

Se a tradição tolteca é o caminho do artista, então podemos dizer que o caminho xamânico é realmente um convite para você, o artista, criar a sua própria obra-prima, usar tudo em sua vida como um pincel para pintar o seu próprio quadro de liberdade pessoal.

Nós também dizemos na tradição tolteca que todos estão sonhando o tempo todo. Isso porque só se pode ver a vida por meio dos seus próprios filtros – no meu caso, o filtro de "Jose". Portanto, a vida tal como você a percebe é um reflexo das suas percepções e crenças. Não é real, mas sim um sonho. Para alguns isso pode parecer negativo, mas na verdade é positivo, porque se sua vida é um sonho, e você se torna consciente do fato de que você é o sonhador, então você pode conscientemente criar o sonho que deseja ver e viver a vida que você quer viver.

Na verdade, existem dois sonhos que constituem aquilo a que chamamos de vida. Primeiro, você tem o *sonho pessoal*, que é a sua própria perspectiva. É como você vê o mundo ao seu redor e como você dá sentido a ele em sua mente por meio das histórias que você conta a si mesmo sobre o que você percebe. Coisas como "Meu nome é Jose", "Os meus pais são Miguel e Maria", "Eu nasci em 1978", "Eu moro neste lugar, este é meu carro, a minha casa, o meu cônjuge etc." – esse é o seu próprio sonho pessoal.

Existe também o *Sonho do Planeta* ou o sonho coletivo que todos nós estamos tendo. O Sonho do Planeta é a soma total de todos os nossos sonhos pessoais e, juntos, eles constituem o mundo em que vivemos. Juntos, criamos os oceanos, as montanhas, as flores, as guerras, a tecnologia, os conceitos de bem e de mal – tudo isso. O Sonho do Planeta é a combinação de todos os nossos sonhos pessoais e forma a base de como interagimos e nos comunicamos uns com os outros.

Os toltecas entenderam que, tanto pessoal quanto coletivamente, o que percebemos como vida não é real. Nossa percepção da vida é, na verdade, apenas um conjunto complexo de histórias sobrepostas, mantidas juntas por nosso conceito de tempo. Nas tradições da minha família, os xamãs, que eram chamados de *naguals* em nossa língua nativa, eram "os que estavam acordados" por terem despertado para o fato de que todos estamos sonhando, de que todos somos contadores de história, e que embora a verdade sobre quem e o que realmente somos seja, em última análise, indescritível, a melhor maneira de a dizer é que somos a própria vida.

Acho interessante que, do outro lado do mundo, há mais de 2.500 anos, um homem se sentou debaixo de uma árvore bodhi durante quarenta dias e quarenta noites até perceber sua verdadeira natureza, e quando se levantou da árvore e voltou para os seus amigos, eles puderam dizer que essa experiência o tinha mudado. Eles lhe perguntaram: "O que aconteceu com você?" E o homem respondeu em sua língua nativa páli: "Eu estou acordado". A palavra *acordado* na língua páli é "buddha" Tanto na tradição do budismo quanto na do xamanismo, os mestres são chamados de despertos.

Então, quem pode ser um xamã? Qualquer pessoa que deseja despertar do sonho e encontrar a sua própria liberdade pessoal é um xamã. É claro que isso é mais fácil de ser dito do que de ser feito, porque o sonho usa vários mecanismos para nos manter adormecidos, muitos dos quais examinaremos com mais detalhes ao longo deste livro.

Para ser claro, acordar envolve mais do que apenas saber intelectualmente que tudo ao seu redor é um sonho. É fácil ouvir algo e acreditar com a mente, mas é muito mais difícil colocar isso em prática. O objetivo do caminho xamânico é ter a experiência do despertar, que envolve algo para além da mente pensante ou do conhecimento intelectual.

Por exemplo, quando digo que você está sonhando o tempo todo, você pode confiar em mim e acreditar, mas apenas quando integrar esse conhecimento e o experimentar por si próprio é que o seu mundo começa a mudar. Antes disso, é apenas uma crença. Assim que essa crença se tornar sua experiência, ela se tornará parte de sua realidade pessoal.

Inicialmente o xamã lhe diz que você está dormindo, que você está sonhando, e lhe oferece um caminho para despertar para quem você realmente é. O xamã quer que você se conheça para além da pequena história que você criou, do pequeno você. O xamã pode fazer isso porque veio a se conhecer como uma expressão individual dessa força vital divina, e essa divindade, essa força de vida, está em todas as coisas. É por isso que o xamanismo está tão conectado ao mundo natural que nos rodeia. O xamã sabe que toda vida está conectada, toda vida é uma só. E isso não se refere apenas aos corpos que podemos ver, mas também ao espaço entre todas as coisas. Estamos conectados pelo ar que respiramos, pelo solo que está debaixo dos nossos pés, pela água que compartilhamos e que constitui grande parte de nossos corpos e por todo o resto que constitui este planeta e mais além. A conexão é óbvia para o xamã, mas a ilusão da mente e os seus sonhos constantes impedem muitas pessoas de verem essa verdade.

Como um exemplo simples, pense em um carvalho. Essa árvore é o culminar de muitas coisas – terra, sol, água, ar, uma bolota soprada pelo vento ou carregada por um pássaro –, todas elas trabalharam em conjunto para manifestar essa bela criação de arte que chamamos de árvore. Se qualquer uma dessas coisas fosse tirada, essa árvore não existiria. O mesmo pode ser dito de você, de todos nós, de tudo. Somos uma criação de tudo o que aconteceu antes de nós. No entanto, a mente se apega à ilusão da separação. Mas é apenas isso: uma ilusão. E o xamã é aquele que vê por meio da ilusão a interconectividade entre todas as coisas e todos os seres.

Muitos de nós estamos perdidos no sonho durante muitos anos antes de a semente do despertar começar a se manifestar em nós, e quando finalmente isso acontece é mais semelhante a um processo de desaprendizagem do que de aprendizagem. Em outras palavras, muito lhe foi ensinado, desde quando era muito jovem. Disseram a você o seu nome, quem eram os seus pais, de onde você veio, o que você gostava e o que você não gostava, e você concordou com isso. Na tradição tolteca, chamamos esse processo de *domesticação*. Embora algumas formas de domesticação possam ser negativas, é importante lembrar que a domesticação em si não é necessariamente negativa. É um processo normal e necessário; é a forma como criamos o Sonho do Planeta.

Por exemplo, quando você era jovem, provavelmente os seus pais o domesticaram para ser respeitoso e gentil com os outros, para compartilhar e desenvolver amizades. Dessa forma, eles estavam dando a você as ferramentas necessárias para interagir com o Sonho do Planeta. A questão aqui é que nem toda domesticação é ruim, embora a própria palavra muitas vezes carregue em si uma conotação negativa. Outras formas de domesticação são obviamente negativas: racismo, sexismo e classismo são exemplos fáceis, e depois existem as formas mais sutis, como quando adotamos ideias como "tenho de ter sucesso na vida para receber amor" ou "tenho de ter um corpo perfeito para receber amor".

O processo de despertar é frequentemente referido como desaprendizagem, porque você começa a ver como foi domesticado no Sonho do Planeta e pode escolher conscientemente quais ideias e crenças deseja manter e quais deseja abandonar. Quando você começa a desvendar as suas domesticações, vê que foi alimentado com todas essas ideias sobre si mesmo e usou essas ideias para construir a história de quem você é. Como qualquer arquiteto lhe dirá, uma estrutura construída sobre fundações defeituosas acabará desmoronando, e é isso que acontece com todas as histórias.

Talvez você já tenha experimentado o colapso da sua história, e por isso escolheu este livro. A verdade é que qualquer história da sua vida é apenas isso, uma história, e seu colapso é uma coisa linda, porque quando isso acontece, você descobre quem realmente é; descobre que você realmente é a própria vida.

Esse processo de desaprendizagem é uma jornada pessoal e única para cada indivíduo. Embora possa haver semelhanças, duas pessoas nunca despertam exatamente da mesma maneira. Este é um princípio importante no xamanismo: o caminho de cada pessoa será diferente. Certamente receberemos ajuda e orientação de outras pessoas, mas como somos todos únicos, o nosso despertar também será único. Essa é a nossa própria arte. Embora alguns dos rituais e coisas que fazemos sejam iguais ou inspiradas pelo que outros fizeram, o xamã não imita ninguém, nem mesmo outros xamãs.

Por exemplo, muitas pessoas não sabem disso, mas o livro mais famoso do meu pai, *The Four Agreements* (Amber-Allen, 1997) [publicado no Brasil como *Os quatro compromissos* (Best-

-Seller, 2021)], é na verdade a história do seu próprio despertar. Ele superou sua negatividade interior e os problemas criados por ele mesmo em seu sonho pessoal, praticando esses quatro compromissos em todas as áreas de sua vida. Ele percebeu como estava perdendo seu poder por não ser impecável com sua palavra, por levar as coisas para o lado pessoal, por fazer suposições e por não realizar o melhor que podia. Como resultado, ele criou esses quatro compromissos consigo mesmo para poder viver com o seu verdadeiro poder. A prática desses quatro compromissos foi realmente um processo de desaprender toda a negatividade que ele havia adotado em seu sonho pessoal.

Quando ele despertou, quis estar a serviço dos outros, e esse livro é uma manifestação da sua arte. No caso dele, essa arte foi reconhecida em todo o mundo como verdade e ajudou muitas pessoas a despertar (já foram vendidas mais de sete milhões de cópias em todo o mundo do livro *Os quatro compromissos*). Isso é uma coisa maravilhosa, mas meu pai vai dizer que não teve nada a ver com isso. Em outras palavras, embora tenha escolhido compartilhar seu trabalho com milhões de pessoas na forma de um livro, ele sabe que o seu trabalho não é mais importante do que o de um xamã que acorda e ajuda as pessoas de sua própria comunidade. Eles são iguais, e, de fato, um não poderia existir sem o outro. Assim como o carvalho, meu pai não teria despertado sem a inspiração e orientação da miríade de xamãs que despertaram antes dele.

Como ilustra o exemplo do meu pai, quando um xamã desperta para quem realmente é, vê que o melhor a fazer para si e para o mundo é servir a grande mãe, a própria vida. Ele vê a divindade em todos os seres e quer ajudar os outros a despertar para esta verdade. Ele não o faz por desejo de qualquer ganho pessoal (como entrar no céu ou obter mérito pelo renascimento), mas porque atingiu um estado de paz, clareza e consciência até então desconhecido por ele. Ele se tornou um recipiente de amor e, quando você se enche de amor, ele começa a transbordar. Esse transbordamento de amor é o que o xamã compartilha com os outros, porque isso é tudo o que resta. É por isso que o xamã quer ajudar os outros a despertar para o fato de que estão sonhando.

Para fazer outra comparação com a tradição budista, isso é muito semelhante ao conceito de bodhisattva no ramo Mahayana do budismo, em que o bodhisattva é aquele que desperta, mas permanece no mundo e dedica a sua vida a ajudar os outros. Vemos esse cuidado e preocupação pelos outros em todos os grandes mestres das religiões do mundo, incluindo Jesus, o poeta islâmico Rumi e muitos dos avatares hindus da Índia. Em cada grande tradição sempre há alguém que despertou e a partir daí começa a espalhar uma mensagem de despertar para ajudar os outros.

## A importância das histórias

Uma das maneiras pelas quais os xamãs plantam as sementes do despertar nas pessoas é por meio da narrativa. Como os xamãs perceberam que a mente está sempre sonhando e criando histórias, eles começaram a contar histórias como uma forma de trespassar o véu da mente. Dessa forma, os xamãs foram e são mestres professores, pois usam o amor da mente pelas histórias para despertá-la do sonho.

Neste livro compartilharei algumas das parábolas, lendas e histórias verdadeiras contadas pelos xamãs da tradição da minha família e, juntos, discerniremos sobre seu significado mais profundo. Você verá como os xamãs compartilharam essas histórias para plantar a semente do despertar nas pessoas que os ouviram. Também usarei essas histórias para apresentá-lo às ferramentas xamânicas de consciência, perdão, recapitulação, objetos de poder, animais totêmicos e outros instrumentos projetados para ajudá-lo em sua própria jornada. No fim de cada capítulo, incluí exercícios e meditações que podem ajudá-lo a colocar esses ensinamentos em prática na sua vida cotidiana. Conforme eu disse anteriormente, não basta apenas ler sobre esses ensinamentos, você deve incorporá-los em sua vida por meio da ação para receber os benefícios. Os exercícios e as meditações o ajudarão a fazer isso.

Mesmo quando você começa a despertar, quero deixar claro que o despertar do sonho não significa que você vai parar de sonhar. Sonhar é simplesmente o que a mente faz, da mesma forma que o coração bate e os pulmões respiram. Despertar significa que você *percebe* que está sonhando. Quando você se dá conta de que está sonhando, pode concentrar a sua energia na criação de um lindo sonho em vez de em um pesadelo.

Um pesadelo, nos termos dos ensinamentos toltecas, é quando você vive a vida inconsciente de quem e do que você realmente é, e o resultado é que você sofre desnecessariamente. Quando você caminha adormecido pela vida, é pego pelas armadilhas da negatividade e do veneno emocional, e não consegue perceber que, em muitos casos, você é a causa de seu próprio sofrimento. Os xamãs da tradição da minha família viam esse padrão como uma condição humana coletiva que pode ser descrita como um "vício em sofrimento", e esse vício em sofrimento é um hábito da mente.

Alguns que estão lendo isso podem recuar diante da ideia de que nós, como espécie, somos viciados em sofrimento, mas pare um momento para pensar sobre todas as maneiras pelas quais os humanos causam problemas para nós e para os outros. Por exemplo, ligue a televisão mais próxima. Se você assistir a qualquer canal de notícias por apenas alguns minutos, verá várias maneiras pelas quais causamos o nosso próprio sofrimento.

Em seguida, mude o canal para qualquer novela ou drama. Alguma vez você já se perguntou por que assistimos a programas em que o propósito é criar sofrimento e dor emocional dentro de nós? Pense em sua própria vida por um momento. Quando as coisas vão bem por muito tempo, você procura um "problema" para agitar as coisas?

Shantideva, o místico e poeta indiano do século VIII, observou esse vício em sofrimento nas seguintes linhas[1]:

> Os seres desejam se libertar da miséria;
> Mas a própria miséria eles seguem e perseguem.
> Eles anseiam por alegria, mas em sua ignorância a destroem
> Como fariam com um inimigo odiado.

Eu não poderia estar mais de acordo com ele. Então surge a questão: por que perseguimos o sofrimento? Em primeiro lugar, fazemos isso porque não temos consciência, porque não percebemos o que estamos fazendo, e esse é o objetivo de despertar. Em segundo lugar, fazemos isso por hábito. Criar sofrimento é simplesmente um hábito da mente. Mesmo quando começamos a despertar, os antigos hábitos de sofrimento continuam a nos ludibriar, e é por isso que os xamãs se referem a eles como um vício. Como acontece com qualquer vício, o primeiro passo para acabar com ele é estar ciente dele e admitir que ele existe.

À medida que avançamos nas histórias da tradição da minha família nas páginas que se seguem, convido você a ver como as lições delas podem ser aplicadas em sua própria vida. Além disso, tenha em mente o que eu disse sobre o vício da mente humana em sofrer, porque, como você verá, esse é um tema recorrente ao longo das histórias.

---

1. Esta tradução para o inglês da famosa obra de Shantideva pode ser encontrada em: *No Time to Lose: A Timely Guide to the Way of the Bodhisattva* por Pema Chödrön. Boston: Shambhala, 2007.

Por último, embora eu ofereça a minha própria interpretação dessas histórias, lembre-se de que você pode encontrar outros significados ou verdades que são mais relevantes para você e para a sua própria vida. Essa é a beleza do xamanismo: ele o encoraja a encontrar a sua própria verdade, a seguir o seu próprio coração e a ver que as respostas que você busca já estão dentro de você. Deixe que essas histórias e este livro sejam o seu guia para encontrá-las.

# 1
# A águia e a cobra

*Encontrando a sua própria verdade*

Muitos já devem conhecer a história da tradição asteca a respeito de como a Cidade do México foi fundada séculos atrás. A bandeira nacional do México tem uma bela imagem de uma águia comendo uma cobra enquanto repousa sobre um cacto, que, como você verá, é um símbolo importante nesta história.

*Há muito tempo, no meio de um deserto, no que é hoje o México, vivia um poderoso xamã que serviu como um grande líder e ajudante para a sua tribo. Quando percebeu que sua forma física estava morrendo, ele decidiu deixar uma última e muito importante lição para a próxima geração.*

*"O meu tempo neste corpo está chegando ao fim", ele disse à sua tribo enquanto eles se reuniam ao redor da fogueira em uma noite. "Pela manhã, vocês terão que se despedir desta aldeia. Levem apenas o que for necessário quando saírem daqui. Tudo o que não precisam, tudo o que não serve mais em suas vidas, deixem aqui. Amanhã é um dia de grande transformação."*

*Depois, para marcar o momento, o velho xamã jogou um pouco de pó mágico no fogo, o que transformou a chama em um clarão azul brilhante e purificador que cintilava como as estrelas* no céu noturno. Ele continuou: "amanhã vocês começarão suas jornadas para criar um novo sonho, e vaguearão pela selva até verem uma águia devorando uma cobra sobre um jardim de cactos – esse será o sinal de que vocês encontraram o lar".

E com isso o velho homem dispensou o círculo e, quando a manhã chegou, eles foram até o xamã e descobriram que ele não estava mais em seu corpo. Eles empacotaram apenas o necessário e começaram a jornada para encontrar seu novo lar.

A jornada não foi fácil. Durante anos eles caminharam e caminharam até que finalmente um dia viram um lago. No meio do lago havia uma pequena ilha, e essa ilha estava cheia de cactos. Olhando para o céu, eles viram uma águia mergulhar em direção à ilha e agarrar uma cobra do chão. Com a cobra presa em suas garras, a águia pousou em um cacto. Os aldeões assistiam com admiração quando a águia começou a devorar a cobra. Eles ficaram muito contentes porque aquele era o símbolo que procuravam! Eles imediatamente começaram a construir a sua nova casa. Este foi o início da grande cidade dos astecas, Tenochtitlán, onde hoje fica a Cidade do México.

Naquela noite, a tribo construiu uma grande fogueira e se reuniu em um círculo, exatamente como haviam feito na última noite do antigo sonho. A tribo agradeceu ao avô xamã porque haviam encontrado seu novo lar, mas enquanto agradeciam a ele por sua orientação, de repente uma luz azul brilhante cintilou na fogueira e todos a reconheceram como o espírito do avô.

"Olá, meus filhos!" sua voz disse das chamas. "Vejo que vocês fizeram a jornada menor, e agora deverão fazer a jornada maior."

A tribo estava confusa, afinal eles haviam passado muito tempo na jornada difícil para encontrar o local de seu novo lar. O que poderia ser maior do que isso?

A voz continuou. "A águia é um símbolo da verdade, a cobra é um símbolo da mentira e o jardim de cactos representa o jardim *da mente humana. Quando a águia da verdade devora a cobra das mentiras no jardim da sua mente, então você encontrará um lar dentro de si – encontrará a sua própria liberdade pessoal."*

Uma coisa que a televisão, as mídias sociais e outros meios de comunicação nos ensinam é que o mundo tem muitas pessoas ricas, famosas e realizadas. Infelizmente, também aprendemos com essas fontes que muitas dessas pessoas realizadas são muito infelizes.

Obviamente que isso não se aplica apenas aos ricos e famosos. Todos nós conhecemos pessoas em nossas próprias esferas que são plenamente realizadas externamente, mas que são muito infelizes em suas vidas pessoais. Talvez tenhamos vizinhos ou familiares que se enquadram nessa categoria, e talvez nós já tenhamos sido uma dessas pessoas. Eles podem ter adquirido muitos bens ou títulos, mas também estão perdidos e confusos.

Podemos dizer que, por meio de suas realizações externas, eles fizeram a jornada menor, mas a jornada maior de encontrar a sua própria liberdade pessoal ainda os aguarda.

Isso levanta a questão: o que eu quero dizer com a frase *liberdade pessoal*?

Para mim, liberdade pessoal é quando nossos corações e nossas mentes são governados pelo amor em vez do medo. Liberdade pessoal é quando nos sentimos confortáveis em nossa própria pele e nos amamos e nos aceitamos completamente, até mesmo as partes de que não gostamos. Liberdade pessoal é quando paramos de tentar ser isso ou aquilo, e, em vez disso, ficamos contentes em apenas ser.

A liberdade pessoal vem como resultado da análise das domesticações de nossa mente e da liberação de todas as crenças ou ideias prejudiciais que nela encontramos. Ocorre a cada momento em que quebramos o hábito do nosso vício em sofrer.

Deste lugar de autocompreensão, autoaceitação e amor-próprio, podemos nos ver quando olhamos nos olhos de outra pessoa, e essa é uma das razões pelas quais ajudamos outras pessoas. Sabemos que eles somos nós e nós somos eles – que estamos todos interligados e, portanto, ajudá-los é também ajudar a nós próprios.

Para mim, tudo isso é liberdade pessoal e está na essência do caminho xamânico.

O que quer que você faça no mundo – o seu trabalho, os seus *hobbies*, qualquer coisa que você realize –, todas essas coisas são maravilhosas, mas representam a jornada menor. A jornada mais importante que você fará é a que está dentro de você, e isso é a essência do caminho xamânico. É a jornada para encontrar a sua própria verdade.

Na história narrada acima, o xamã compreendeu que cada geração tinha de encontrar a sua própria verdade para criar o seu próprio sonho, e que eles não podiam contar com o legado de gerações anteriores para criar o sonho para eles. Para tanto, ele os mandou para o deserto para encontrar um novo lar e abandonar o sonho antigo para que pudessem criar um novo sonho.

Por vezes a vida serve como nosso xamã e cria situações que destroem completamente o nosso antigo sonho. A morte, o divórcio, a perda de um emprego são coisas que nos obrigam a sair para o deserto, carregando pouquíssimos dos nossos bens, e a encontrar um novo sonho. Mas a nossa casa, a nossa verdade, estão sempre dentro de nós, e as levamos para onde quer que formos. Em cada sonho que criamos, se permanecermos fiéis a nós mesmos e aos desejos de nosso coração, então encontraremos a paz novamente.

Na minha opinião, cada um tem a sua própria verdade dentro de si. Porque somos todos únicos, essa verdade pessoal nunca será exatamente a mesma para duas pessoas. É isso que a torna pessoal. O xamanismo não se baseia na hierarquia, na deferência para com os mestres do passado ou em seguir um texto sagrado com crença cega, mas em encontrar a sabedoria dentro de si mesmo. Quando você encontrar a sua própria verdade e sabedoria dentro de você, encontrará a sua liberdade pessoal.

## Conhecimento silencioso

Na tradição tolteca, temos um conceito chamado *conhecimento silencioso*, e cultivar a sua conexão com ele pode ajudá-lo a encontrar a verdade dentro de si mesmo.

O conhecimento silencioso é um saber que está para além da mente pensante. É difícil escrever ou falar sobre isso, porque a linguagem é a principal ferramenta da mente, mas farei o meu melhor para explicar.

O conhecimento silencioso é a sabedoria profunda e inata que existe em todas as coisas. Vem da interconexão de todos os seres e criaturas. É a sabedoria do universo. Por exemplo, se você alguma vez simplesmente soube a resposta de uma pergunta sem nenhuma maneira lógica que seu cérebro pudesse ter descoberto – como quando uma mãe pode sentir que seu filho está em perigo ou quando você sabe o momento em que um parente faz a transição para a morte –, tudo isso é conhecimento silencioso. É a sabedoria universal que sempre esteve ao nosso alcance, mas que muitas vezes deixamos de explorar, seja porque não sabemos ou porque nos esquecemos como.

Ser capaz de ver a próxima ação certa em qualquer situação, desconsiderando o *mitote* (as vozes barulhentas que clamam por sua atenção) em sua mente – é um conhecimento silencioso, e quando você começar a desvendar as suas domesticações e viver de uma forma que pareça autêntica para você, você se encontrará em contato com ele. Ao desenvolver a consciência do conhecimento silencioso, você começa a desviar a sua atenção para ele com mais frequência, especialmente quando se depara com uma escolha ou decisão importante.

As percepções que você obtém do conhecimento silencioso podem chegar até você sob a forma de um pensamento inspirado ou mesmo de uma sensação energética em seu corpo. Em ambos os casos, quando uma mensagem chega a você pelo conhecimento silencioso, você sente um "saber" de que a percepção que está recebendo não vem de sua mente pensante.

Além disso, o conhecimento silencioso nunca carrega a energia do ódio, ressentimento ou vingança. Se alguma mensagem que você recebe se origina desse tipo de energia, então você sabe que não se trata de conhecimento silencioso, mas sim do vício da mente em sofrer.

Outro meio de acessar o conhecimento silencioso é prestar atenção às suas emoções. Quando se trata de tomar decisões, as nossas emoções podem por vezes ser melhores indicadores do que as nossas mentes perspicazes.

Por exemplo, digamos que você esteja tentando tomar uma decisão sobre uma situação e uma escolha possa parecer correta logicamente, mas você tem uma sensação incômoda de que algo não está certo. Digamos que você tenha recebido uma oferta de emprego com melhor remuneração, mas quando visita o seu potencial empregador, recebe uma vibração negativa dentro de si que não consegue explicar.

Em vez de descartar essas sensações, seria sensato reconhecê-las como indícios do reino do conhecimento silencioso. Isso não significa necessariamente que a resposta seja um "não" e que você não deva aceitar o emprego, mas sim que deve investigar mais antes de tomar uma decisão final.

Já viajei para a Índia em diversas ocasiões e adoro os ensinamentos tanto do hinduísmo quanto do budismo. Na Índia, encontramos um dos maiores mestres do silêncio do século XX, Sadhu Ramana Maharshi. A palavra *sadhu* vem do sânscrito e significa monge ou pessoa santa, mas para mim o sadhu é o equivalente indiano do xamã.

Ramana Maharshi provavelmente foi o professor mais famoso da Índia na primeira metade do século XX. Depois de experimentar um despertar espontâneo na adolescência, ele entrou em um período de silêncio que durou anos. Embora ele tenha voltado a falar e a ensinar, ele sempre afirmou que o melhor professor era o silêncio. Pessoas vinham de todos os lugares para se sentar com ele em seu ashram, mas uma vez sentadas em sua presença silenciosa, as perguntas se dissolviam ou se tornavam sem importância. A sua história me faz lembrar das palavras do poeta muçulmano Jalaluddin Mevlana Rumi do século XIII: "o silêncio é a linguagem de Deus, tudo o mais é uma pobre interpretação".

Visto sob essa luz, o conhecimento silencioso é uma das ferramentas mais poderosas à disposição de um xamã. Isso está no cerne da sabedoria do xamã e, quando você está alinhado consigo mesmo, tem um acesso muito melhor a este campo de conhecimento para além da mente pensante.

O conhecimento silencioso está à sua disposição neste momento, e um passo útil para o encontrar é praticar o silêncio externo e a meditação, pois ambos criam um ambiente que permite que a sabedoria universal surja dentro de nós. Incluí um exercício para ajudá-lo a começar essa prática no fim deste capítulo.

## Adivinhação

Outra ferramenta frequentemente falada nos círculos xamânicos é a *adivinhação*, ou a capacidade de acessar o que pensamos ser o futuro. Como a adivinhação também vem de um campo para além da mente pensante, quero reservar um momento para discutir o assunto.

De uma perspectiva xamânica, não há passado ou futuro; existe apenas o agora. Tudo o que acontece ocorre neste universo de agora, mas o Sonho do Tempo – ou a ideia de tempo, que é uma construção que nós, humanos, fizemos – é o que permite às nossas mentes darem sentido a tudo isso, para lhes acrescentar ordem. Sem o Sonho do Tempo, a sua mente não poderia compreender todas as coisas que estão acontecendo agora. A adivinhação é uma ferramenta que pode nos permitir vislumbrar outras coisas que também estão acontecendo agora, mas a mente entende como no "futuro". Acessar esses outros acontecimentos que parecem estar no futuro é o princípio por trás da adivinhação.

Existem muitas ferramentas para isso: cartas, pêndulos, runas, todos os quais podem ser úteis em determinadas situações. Se você se depara com uma decisão importante na vida e não consegue decidir qual caminho seguir, a utilização de uma ferramenta de adivinhação poderá lhe trazer alguma clareza. Ao mesmo tempo, você deve ter muito cuidado para não usá-las em excesso. Quanto mais dependemos das ferramentas de adivinhação, menos precisas elas se tornam, em parte porque a mente começa a se apossar delas, vendo padrões ou sugestões que não existem de fato.

Eu recomendo que as ferramentas de adivinhação só sejam utilizadas quando você se sentir completamente perdido, inclusive quando procura a verdade dentro de si mesmo. Lembre-se, um dos princípios fundamentais do xamanismo é que a sabedoria que você procura já está dentro de você, portanto, uma ferramenta de adivinhação apenas o ajuda a encontrar as respostas que você já tem, mas que talvez esteja tendo dificuldade em ver.

Quando você se reconecta com o seu conhecimento interior, está seguindo o caminho do xamã – não dos xamãs que vieram antes de você, mas do xamã que você é, o mensageiro do amor que você é no seu ser mais profundo. Para encontrar a verdade e a sabedoria dentro de nós, devemos ver todas as fontes externas, sejam ferramentas de adivinhação, antigas tradições ou mesmo outros xamãs como aquilo que eles são: guias para nos ajudar a encontrar a verdade a partir de dentro de nós mesmos.

Nós somos os artífices de nossas próprias vidas e podemos usar essas ferramentas para começar a criar a nossa arte, mas a partir daí cabe a nós colocar nosso próprio estilo e talento na obra-prima que é a nossa vida, vivendo o que é verdadeiro para nós como indivíduos, ao invés de confiar no que nos foi dito por fontes externas. O propósito de todas essas ferramentas é ajudá-lo na jornada maior, aquela que o leva à sabedoria de dentro do seu lindo coração.

## Exercícios

*Qual é a sua definição de liberdade pessoal?*

Gostaria que você escrevesse sua própria definição de liberdade pessoal. Quais são as coisas que o libertarão? Talvez algumas das coisas incluídas em minha definição também estejam na sua, mas a sua ainda será diferente pelo fato de ser *sua* e não minha. O que você deseja libertar ou abandonar? Com qual sabedoria interior você deseja entrar em contato? Mantenha essa definição para que possa lembrá-la sempre que se sentir perdido – ou quando achar que sua definição pode ter mudado.

*A quais antigos sonhos você está se apegando?*

Muitas vezes são os nossos antigos sonhos que nos impedem de viver no presente e de desfrutar de um novo sonho que pode nos servir melhor. Você ainda mantém as coisas na sua mente? Você se ouve dizendo coisas como: "se eu não tivesse me divorciado..." "se eu não tivesse desistido da escola..." ou "se eu tivesse aceitado aquele emprego..."? Você não está abandonando um sonho antigo, algo que poderia ter sido e que agora não tem mais a ver com *quem você é*.

Reserve algum tempo para pensar em seus sonhos antigos e em quais partes deles você ainda pode estar se apegando. Escreva um sonho antigo em um pedaço de papel. Você pode ter mais de um sonho antigo para trabalhar. Se for assim, escreva-os em papéis separados. Mas também sugiro trabalhar com apenas um sonho de cada vez para ter certeza de que está sentindo todos os efeitos antes de prosseguir.

Agora, dobre ou amasse o papel com o seu antigo sonho e encontre um lugar seguro para queimá-lo. Enquanto queima o papel, diga um suave e doce adeus ao seu antigo sonho, agradecendo-o por todas as maneiras como ele o serviu, e permita-se liberar o antigo sonho com a fumaça do fogo.

**Meditação silenciosa do conhecimento**

A meditação é uma ferramenta poderosa para muitas práticas espirituais. Para os toltecas, a meditação é usada de várias maneiras, mas um dos benefícios mais importantes é que, na meditação, somos capazes de ver para além do *mitote* da mente. Ao fazer isso, é criado um ambiente dentro de nós que nos permite uma melhor conexão com o *conhecimento silencioso*.

Para essa meditação, o nosso objetivo é nos abrir para o conhecimento silencioso. Para começar a meditar, encontre um espaço tranquilo e confortável onde você não será interrompido durante os próximos minutos. Isso pode ser na varanda dos fundos, enquanto os animais de estimação estão na parte de dentro, na banheira, porque a porta do banheiro é a única que mantém as crianças longe, ou em uma poltrona no escritório.

Não há lugar ou postura errados para a meditação, portanto, experimente e descubra o que funciona melhor para você.

O nosso objetivo será simplesmente abrir a sua mente e permitir que a sabedoria universal esteja presente em sua consciência. À medida que você se sentir familiarizado com a meditação, sinta-se à vontade para perguntar ou meditar sobre certas perguntas que você precisa responder. Ao fazer perguntas em sua meditação, você as estará chegando à fonte de toda a sabedoria e poderá receber suas respostas sob a forma de conhecimento silencioso.

Depois de encontrar um lugar tranquilo e uma posição confortável, feche os olhos e reserve alguns minutos para se acomodar. Para essa meditação, quero que você apenas ouça. Ouça todos os sons que estão acontecendo fora de você sem dar muita importância a nenhum deles. O que você ouve? O vento batendo nas árvores? O zumbido da geladeira no outro cômodo? Ouça tudo. Qualquer som é bem-vindo. Agora eu quero que você ouça o silêncio que está por trás dos sons que você ouve. O silêncio está lá: é o espaço que torna possível a audição dos outros sons. Mantenha esse silêncio em sua mente enquanto o encontra.

Em seguida, quero que você traga sua atenção para dentro – ouvindo o silêncio que está dentro de você. Tal como o silêncio exterior, o silêncio interior está por trás de todas as outras sensações que você encontra. A mente vai vaguear e começar a pensar – porque essa é a natureza da mente – mas quando isso acontecer, tente suavemente libertar esses pensamentos e encontrar o silêncio de novo, e de novo, e de novo.

Quando você começa a meditar pela primeira vez, pode não ser capaz de manter esse silêncio por muito tempo, e está tudo bem. O principal é não julgar nada, mas apenas ouvir. Quando a mente vaguear, traga-a de volta para ouvir o mundo exterior, depois o silêncio do lado de fora e, então, o silêncio do lado de dentro. Se você é novo na meditação, comece fazendo isso por apenas cinco minutos por vez. Se você gosta dessa prática, tente ir um pouco mais longe e um pouco mais a cada vez, aumentando para trinta minutos ou mais. Sua mente ainda vagueará, mas quanto mais você praticar, mais fácil será trazê-la de volta ao silêncio.

Se você quiser levar uma pergunta à meditação, faça-a uma vez no início da prática e comece a sua meditação ouvindo o mundo exterior e depois o silêncio por trás de todos os sons, tanto no exterior quanto no interior. É importante que você faça a sua pergunta e depois deixe-a de lado. Nesses momentos de quietude encontrados na meditação, o conhecimento silencioso pode vir até você em relação à sua pergunta, ou você pode descobrir, por meio da meditação, que a pergunta não tem importância e não precisa mais de uma resposta.

# 2
# O Homem do Rio

## Fluindo com os ciclos da vida

Continuemos a nossa jornada xamânica juntamente com a história do Homem do Rio, que tem sido transmitida na minha família há muitas gerações.

*Há muito tempo, no início do segundo Império Maia, vivia um jovem que, como o mundo queria, se apaixonou por uma bela mulher.*

*Infelizmente, essa foi uma época na história maia em que muitas pessoas mantinham superstições em seus corações, eram fanáticas por suas ideias religiosas e, por isso, erroneamente sentiam que era necessário sacrificar outros humanos para agradar os deuses.*

*O jovem não se importava com nada daquela religião ou superstição e, por isso, escolheu deixar os fanáticos religiosos em paz e passar todo o seu tempo livre com sua amada. O amor deles era um amor verdadeiro.*

*Um dia ele voltou para casa e soube que sua amada fora escolhida para ser sacrificada aos deuses e que os sacerdotes tinham-na levado embora. O jovem foi correndo para o templo onde aconteciam os sacrifícios, mas chegou tarde demais. Ele encontrou a sua amada deitada no altar, com o coração arrancado do peito.*

*Abatido pela tristeza, ele caiu por terra e chorou. A raiva cresceu dentro dele. Ele estava chateado com o mundo, com raiva de Deus, com raiva de seus companheiros da aldeia. Ele viu que eles estavam perdidos em suas superstições e estavam se matando por causa de suas crenças fanáticas.*

*Ele deixou a aldeia e foi viver sozinho na floresta. Como sua raiva e tristeza eram muito fortes, ele raramente comia ou dormia e, lentamente, começou a morrer.*

*Finalmente, ele decidiu acabar com a sua vida. Foi até o rio e saltou, nadou até o fundo na esperança de que o rio o afogasse. Enquanto afundava, ele teve uma visão de sua amada. Radiante com a visão dela, ele gritou: "minha amada, eu a encontrei! Sinto muito pelo que aqueles fanáticos fizeram com você e por eu não ter estado lá para protegê-la. Eu vou ficar aqui para sempre com você. Nunca mais vou deixá-la".*

*E então o espírito de sua amada lhe disse gentilmente: "você não pode ficar comigo, nem voltará a me ver se continuar neste caminho. Você está cheio de ódio, mas eu estou cheia de amor. Para estar onde estou agora, você precisa parar de viver na dor do passado. Enquanto você guardar ressentimentos, estará perdendo o seu poder e não poderá estar onde estou".*

*Aqueles avisos de sua amada o assustaram. Ele despertou e percebeu que estava à beira do rio com a respiração ofegante. Ele sentiu a verdade de suas palavras e percebeu que a alegria de viver que alguma vez tinha sentido agora tinha desaparecido. Tinha sido substituída por medo e ódio. Essa constatação foi o momento de sua transformação, e ele disse a si mesmo: "a liberdade está dentro de mim".*

*Ele olhou para a lua e soube que sua amada estava lá. Ela o observava e o guiava. Seu coração começou a se abrir nova-*

mente, e ele, a perdoar o fanatismo do povo. Ele olhou para a beleza do rio à sua frente e o viu como um símbolo de amor fluindo.

Naquele momento ele ficou conhecido como o Homem do Rio, o sábio da floresta.

Mais ou menos na mesma época, e a milhares de quilômetros de distância, cruzando o oceano, um grande e íntegro homem morava na Espanha. Soldado de profissão, ele era conhecido como o Bom Conquistador, porque tinha dedicado sua vida à rainha da Espanha e ao serviço do seu país. Ele era um súdito fiel e leal que sempre agiu com integridade e nunca abusou de seu poder, e por isso todas as pessoas, incluindo a rainha, o amavam tanto. Ela o homenageou e pediu-lhe que viajasse para o Novo Mundo.

Quando ele chegou ao Novo Mundo, viu imediatamente que os outros conquistadores tinham enlouquecido com a ganância e estavam abusando, torturando e matando os maias em sua busca por ouro. Isso incluiu matar muitos familiares e amigos do Homem do Rio.

O Bom Conquistador ficou horrorizado com as ações de seus compatriotas. Homem piedoso, ele tentou falar com seus companheiros conquistadores para convencê-los a agir honrosamente, mas eles não quiseram ouvir. Finalmente, ele falou: "Esta não é a vontade de Deus, isto é o abuso de Deus, a corrupção de Deus, e eu não tomarei parte nisto". Então, ele largou sua espada, tirou sua armadura e fugiu para a floresta. Em pouco tempo ele foi capturado pelos maias. Eles começaram a torturá-lo, punindo-o pelos pecados dos outros soldados, e o mantiveram como prisioneiro.

O Homem do Rio, que vinha frequentemente à aldeia para ajudar a cuidar do seu povo, encontrou o conquistador preso. Embora eles não falassem a mesma língua, o Homem do Rio sentiu a vibração daquele bom homem e soube que seu coração *era puro. O Homem do Rio libertou o Bom Conquistador e o levou para sua casa na floresta, o alimentou e começaram a aprender a língua um do outro.*

*O Bom Conquistador ficou surpreso com a bondade e a paz interior do Homem do Rio. Depois de estarem juntos tempo suficiente para se entenderem, ele perguntou: "como você adquiriu todo esse conhecimento? Eu posso sentir Deus em você".*

*"Deus está em todos", o Homem do Rio respondeu, "mas às vezes você tem de olhar com mais atenção para vê-lo". Ele contou ao conquistador a história de sua amada, o seu sacrifício e o que lhe aconteceu no rio. O conquistador disse a ele: "ensine-me a ser como você".*

*"Comece com a compreensão", explicou o Homem do Rio. "Quando você olha para os nossos povos, eles são iguais. Eles querem a felicidade, mas, em vez disso, criam sofrimento. Encontramos a paz entre nós, você e eu. Nós nos comunicamos de coração para coração. Quando cada ação que fazemos vem do coração, acabamos com o sofrimento em nossas vidas."*

Essa bela história contém muitas lições essenciais para o caminho xamânico: a importância do perdão, os perigos do fanatismo, o reconhecimento do vício do sofrimento e o poder do amor incondicional. Um dos ensinamentos dessa história, que muitas vezes pode passar despercebido, diz respeito à natureza cíclica da vida e do tempo.

Muitos de nós crescemos em uma cultura que vê o progresso humano como linear, cada geração como "melhor" do que a anterior, e nós próprios como "evoluídos" e, portanto, mais inteligentes. Mas não era assim que os antigos xamãs viam o mundo.

Na introdução eu expliquei que os xamãs eram mestres dos sonhos. Isso também significa que eles entendiam a ilusão do tempo e sabiam que o tempo era cíclico e não linear.

A natureza está repleta de ciclos. O dia se transforma em noite e a noite em dia. As estações passam de uma para a outra, a terra gira em torno do sol, assim como a lua gira em torno da terra. Ondas surgem do oceano, quebram e caem em cascata e retornam ao oceano novamente.

Os xamãs viram esses grandes ciclos e perceberam que o tempo também funciona da mesma maneira. Por exemplo, os toltecas acreditam que vivemos na quinta era mundial. O que isso significa é que o mundo já foi construído e destruído quatro vezes antes e nós passamos por um ciclo de destruição e recriação a cada vez. Tudo no mundo – desde árvores, oceanos até pessoas – foi destruído e recriado quatro vezes. O que é incrivelmente interessante de notar é que, do outro lado do mundo, na Índia, a antiga tradição védica também ensina que agora estamos na quinta era mundial. Que estranha "coincidência" é para duas culturas diferentes em hemisférios diferentes chegarem à mesma conclusão!

Acreditar ou não que isso aconteceu de verdade não é tão importante quanto compreender a verdade mais profunda para a qual essa visão do mundo está apontando: toda a vida, não apenas as estações e as marés, corre em ciclos.

Quando vemos a vida como cíclica em vez de linear, podemos entender a inutilidade de tentar controlar as marés da vida. Quando estamos conscientes de que todas as coisas vão entrar em colapso, se alterar e mudar, não tentamos nos agarrar a elas com tanta força. Tentar controlar as coisas e mantê-las como estão só causa sofrimento.

O xamã sabe que as coisas vêm, e você as deixa vir, e as coisas vão, e você as deixa ir. Isso não significa que o xamã não trabalhe para mudar as coisas quando pode, mas significa que não lutamos ou gastamos energia desnecessariamente em coisas que não podemos mudar. Em vez disso, o xamã segue o fluxo e o ciclo da vida.

Tanto o Bom Conquistador quanto o Homem do Rio experimentaram a natureza cíclica do tempo e da realidade, ou o que é comumente chamado de triunfos e tragédias da vida. O Homem do Rio começou a sua história se apaixonando, mas depois perdeu sua amada para a violência. O Bom Conquistador também experimentou triunfo e tragédia no ciclo de sua vida, pois deixou sua respeitável posição na Espanha e acabou prisioneiro dos maias.

Em ambos os casos, quando eles finalmente aceitaram e lidaram com o colapso de seus antigos sonhos, conseguiram abrir espaço para uma nova vida baseada na sabedoria. Suas experiências os mudaram para melhor, mas eles só receberam o benefício quando se renderam à vida, em vez de lutar contra ela.

Obviamente, é mais fácil falar do que fazer, e é isso que torna a história do Homem do Rio tão poderosa. Quase todos nós já experimentamos perdas em nossas vidas, mesmo que poucos de nós tenham experimentado essas perdas de forma tão traumática. Por causa disso, podemos compreender a reação inicial de raiva, ódio e tristeza do Homem do Rio, já que muitos de nós teríamos reagido de maneira semelhante.

No entanto, foi a visão de sua amada que o ajudou a encontrar o caminho de volta à verdade, e a chave para isso foi o perdão e o amor incondicional. Abraçar os dois permitiu que ele se livrasse do veneno emocional que carregava dentro de si e se alinhasse com os ciclos da vida. O resultado foi que ele encontrou a sua própria liberdade pessoal.

O mesmo é verdade em nossas próprias vidas. Quando perdoamos os outros, nos libertamos do fardo da negatividade e do ressentimento. Quando entramos no rio do amor incondicional, passamos a proceder de acordo com o fluxo da vida, em vez de nadar contra a corrente. Na tradição tolteca, temos uma ferramenta muito poderosa, o Inventário e a Recapitulação toltecas, para nos ajudar a perdoar e liberar qualquer veneno emocional que carregamos de experiências passadas. Incluí um exercício sobre essas práticas poderosas no fim deste capítulo.

Pense nas tragédias que você experimentou na vida. Depois de algum tempo, você consegue olhar para trás e vê-las como parte dos ciclos da vida? Você também recebeu presentes como resultado dessas tragédias? Reconhecer os presentes que surgem a partir de uma tragédia não significa que você teria escolhido esta situação, mas mostra que você agora tem uma compreensão mais profunda dos ciclos do amor e da vida. Quando um sonho que temos desmorona, como acontece com todos os sonhos, a melhor coisa que podemos fazer por nós mesmos e pelo mundo é entrar no rio do amor incondicional e seguir de acordo com o fluxo da vida.

Ninguém disse que o caminho do xamã seria fácil, e o alinhamento com a vida, mesmo diante da tragédia, geralmente exige toda a coragem que podemos reunir. Isso não significa que não vamos experimentar os sentimentos normais de tristeza e pesar, nós os compartilhamos tanto quanto precisamos, mas em algum momento depois do acontecimento podemos escolher abandonar essas situações em vez de permitir que elas nos consumam e nos mantenham em um inferno pessoal de sofrimento.

## O apego e o vício em sofrimento

Os sacerdotes maias e outros conquistadores também têm uma lição para nós: tenha cuidado com o seu apego às crenças e ideias. Os maias sacrificaram a amada do Homem do Rio por superstição e fanatismo religioso, pensando que estavam fazendo a vontade de seus deuses. Os conquistadores mataram os maias em sua busca por bens materiais, outra forma de fanatismo.

Em ambos os casos esses grupos realizaram ações que produziram grande sofrimento, mas aqui está a parte importante: ambos estavam convencidos de que suas ideias e crenças eram as corretas. Assim como os sacerdotes maias mataram a amada do Homem do Rio, os conquistadores saquearam as aldeias maias e mataram muitas pessoas – em ambos os casos devido ao pensamento fanático, à loucura do extremismo em suas crenças.

No primeiro livro de meu irmão, Don Miguel Ruiz Jr., *Os cinco níveis de apego*, ele usa a sabedoria da tradição de nossa família para explicar os perigos de corromper o seu próprio sonho pessoal por meio do apego. Muitas pessoas têm medo de se apegar demais ao dinheiro ou a bens materiais, mas todos esses apegos são secundários. Os principais apegos que temos são às nossas próprias crenças e ideias, e elas se tornam potencialmente perigosas quando as tornamos parte de nossa identidade. Quando isso acontece, você não pode mais ver a sua crença simplesmente como uma crença, mas como: "a maneira que as coisas realmente são". Se você se apegar a uma crença e essa crença for ameaçada, você pode se tornar fanático por ela.

A verdade é que as crenças e as ideais existem apenas em um lugar: na mente humana. Elas não estão "lá fora" no mundo, mas são o filtro pelo qual tudo o que percebemos é classificado. Se não forem controladas, são a forma como podemos corromper o mundo.

Existe alguma área da sua vida em que você deseja impor suas próprias crenças aos outros? Você tenta controlar os outros? Por exemplo, você acha que o caminho do xamã é o caminho para todos? Não é. Outras pessoas estão em seus próprios caminhos e avançando pela vida em seu próprio tempo e em seu próprio ritmo.

O apego é uma maneira pela qual a mente alimenta o seu vício em sofrimento. Tanto os maias quanto os conquistadores, por meio de seu próprio apego e fanatismo, produziram apenas sofrimento. O Homem do Rio, uma vez que sua amada foi tirada dele, escolheu o sofrimento em vez da paz por muito tempo, até que o espírito de sua amada o ajudou a ver outra maneira de viver. Os maias que torturaram o Bom Conquistador também ficaram presos no ciclo do sofrimento. Na busca do que a mente acredita ser o "certo", ela justificará qualquer ação necessária, não importando quanto sofrimento cause no processo.

Esse vício em sofrimento faz parte do atual Sonho do Planeta. Até que os seres humanos reconheçam a conexão entre o apego e o vício em sofrimento, continuaremos a ver a negatividade que isso produz. Ataques terroristas, tiroteios em massa, guerras etc. são todos exemplos disso, e até que nós, como espécie, reconheçamos o vício do sofrimento, essas situações continuarão a ressurgir. Dito isso, ainda é possível vermos a beleza que coexiste no mundo, apesar de ao mesmo tempo um grande sofrimento estar presente.

Em resumo, quando tentamos lutar contra a natureza cíclica da vida, sofremos. Quando nos colocamos em sintonia com a vida conforme ela está acontecendo, podemos então avançar no amor. Sem a consciência de nossas próprias crenças, podemos nos perder no fanatismo, produto do medo e do ódio. Quando nos apegamos aos nossos ressentimentos e à dor contra os outros, somos nós que sofremos, porque nos afastamos da paz do amor incondicional.

## Exercícios

*Observe o seu próprio vício*

A maioria das pessoas não consegue viver em paz por muito tempo. Em vez disso, procuram criar drama ou problemas em suas vidas. Isso não é pessoal; é apenas uma condição da mente humana. O objetivo do xamã é ver essa tendência no interior, porque a consciência é o primeiro passo para a mudança.

Pense sobre os acontecimentos recentes em sua vida e os seus relacionamentos com outras pessoas – pode ser qualquer tipo de relacionamento, desde um com uma outra pessoa significativa até um amigo ou membro da família – e escreva um exemplo em que você escolheu o sofrimento em vez da paz. Por que você escolheu se envolver no drama com outra pessoa em vez de ver as coisas pelo amor? O objetivo disso não é punir a si mesmo, mas simplesmente perceber o vício da mente em sofrer. Depois de algum tempo para refletir, na mesma página tente escrever como você poderia ter feito as coisas de forma diferente, de modo que amenizasse ou negasse o sofrimento e o drama.

*Quando você é um conquistador?*

Nós, seres humanos, somos muito inteligentes, e isso pode ser uma coisa linda. Infelizmente, muitas vezes usamos nossa inteligência para tentar subjugar outra pessoa ao nosso ponto de vista. Podemos dar um nome a essa necessidade de conquistar: ser um conquistador. Na tradição da minha família, um conquistador é uma pessoa que invade os sonhos de outras pessoas porque pensa que os outros devem sempre fazer as coisas à sua maneira. É assim que nasce o fanatismo.

Quando somos pegos pelo fanatismo, atingimos um ponto em nosso apego às nossas crenças em que pensamos que o nosso caminho é o único verdadeiro e qualquer pessoa que acredite de maneira diferente está errada. É fácil apontar quando outras pessoas são fanáticas, mas a verdadeira jornada do xamã é olhar para dentro para ver o seu próprio fanatismo, reconhecê-lo e trabalhar para se distanciar da crença de que os outros devem sentir ou agir da mesma maneira. Com essa jornada de autodescoberta em mente, considere o seguinte: onde e em que circunstâncias você age como um conquistador? Sobre quais crenças você acha que todos deveriam concordar com você? Política? Espiritualidade? Hábitos de dieta? Reserve algum tempo para considerar e perceber como as crenças fanáticas surgem em sua mente. A identificação e o reconhecimento são o primeiro passo para desvendá-las.

## *Perdão por meio do Inventário e da Recapitulação toltecas*

Todos nós temos alguém a quem devemos perdoar. Nós perdoamos não porque a outra pessoa precise ou mesmo mereça, mas porque o fardo de carregar essa negatividade dentro de nós nos impede de seguir em frente.

Apegar-se à negatividade e ao ressentimento é um exemplo de nosso vício em sofrimento. Você está tomando veneno e esperando que outra pessoa morra. Mas [a pessoa-alvo de seu ressentimento] permanece inalterada. Mesmo sabendo disso intelectualmente, não significa que você nunca mais guardará rancor; esse é o poder do vício mental no sofrimento. O objetivo deste exercício é ajudá-lo a incorporar o perdão e perceber que o perdão é necessário para *você* seguir em frente; tem pouco a ver com a outra pessoa.

Na tradição de minha família, temos dois processos que chamamos de *Inventário Tolteca*, uma revisão detalhada dos acontecimentos de sua vida, e *Recapitulação Tolteca*, uma prática de respiração que permite que você libere qualquer negatividade que encontrar e recupere seu poder emocional. Usados juntos, esses processos podem ajudá-lo a perdoar os acontecimentos dolorosos e traumáticos de seu passado.

Um Inventário Tolteca completo inclui a revisão dos acontecimentos de toda a sua vida, mas para os nossos propósitos vamos focalizá-lo como uma ferramenta para o perdão.

Para isso, quero que pense sobre a coisa mais trágica ou traumática que já aconteceu com você. Talvez tenha sido em uma época em que você foi física, mental ou emocionalmente abusado. Talvez tenha sido o fim de um casamento, a morte de um ente querido ou um grave acidente físico ou doença. Escolha a experiência com a qual você tem mais dificuldade e com a qual gostaria de ter paz.

Em seguida, quero que você escreva um relato detalhado desse acontecimento. Sei que isso será difícil, mas a questão aqui é que você precisa estar disposto a olhar profundamente para essa experiência para se libertar de qualquer dor emocional e negatividade que ainda o esteja afetando. Lembre-se de que isso é apenas para você, sua paz interior e sua liberdade pessoal. Escreva tudo o que puder lembrar sobre o acontecimento, incluindo o que aconteceu, como você se sentiu naquele momento, quais foram os seus pensamentos e qualquer outra coisa que puder lembrar.

Depois de escrever seu relato da situação, é hora de passar para o processo de recapitulação. Para isso, encontre um espaço tranquilo, onde possa se sentar confortavelmente ou se deitar, sem ser perturbado durante os próximos minutos.

A recapitulação é a forma como reintegramos memórias ou acontecimentos negativos aos quais nos apegamos, tirando seus dentes, por assim dizer. É nessa situação que retiraremos a carga emocional desses momentos. Quando não há carga emocional a ser deixada para a memória, ela é neutra e não pode mais ser usada para gerar sofrimento dentro de nós. Você não é mais um prisioneiro desse acontecimento passado.

Muitas tradições espirituais reconhecem a importância vital da nossa respiração. O xamanismo não é exceção, e o processo de recapitulação usa o poder de inspirar e expirar para limpar as emoções negativas de um acontecimento da sua vida, pois você usará sua inspiração para atrair de volta as energias que colocou nessa memória e sua expiração para expelir as energias negativas que você assumiu a partir desse acontecimento.

Depois de completar o seu inventário do acontecimento, continue a refletir sobre ele e inspire profundamente. Ao fazer isso, concentre-se em chamar de volta todas as emoções negativas que você experimentou durante esse acontecimento. Observe a conexão entre a energia e as emoções. Considere também as muitas vezes em que você repetiu esse evento em sua mente, usando a anergia por trás dele para machucar a si mesmo ou a outras pessoas. Atraia essa energia de volta para você; ela é sua e você tem o direito de escolher onde deseja colocá-la. Não precisa ser dedicada ao sofrimento.

Agora, ainda pensando no acontecimento, expire. Com esta expiração, empurre e libere toda a negatividade que você sente em relação a este acontecimento. Expire a sua tristeza, a sua vergonha, o seu medo, a sua culpa – qualquer negatividade que surja quando você pensa neste acontecimento. Está no passado. Isso não pode mais machucá-lo, a menos que você dê ao acontecimento esse poder, a menos que você permita que sua mente crie sofrimento em torno dele.

Continue respirando dessa maneira intencional enquanto pensa sobre essa situação ou acontecimento até sentir que recuperou toda a sua energia e expulsou toda a negatividade.

Podem ser necessárias várias sessões para trabalhar nisso, mas tudo bem. Basta fazer tanto (ou tão pouco) quanto você se sentir capaz de fazer no momento. Com o tempo você será capaz de olhar para esse sentimento sem sentir uma carga emocional e, quando isso acontecer, você saberá que recuperou seu próprio poder, porque esse evento não exerce mais nenhum poder sobre você.

# 3
# O nascimento de Quetzalcoatl

**Acenda a sua imaginação e a sua criatividade**

Quetzalcoatl é a lendária serpente emplumada de origem mesoamericana antiga. Foi uma das figuras mais reconhecidas do mundo antigo, pois apareceu sob vários nomes e manifestações em muitas tribos da América do Norte e Central.

O nome Quetzalcoatl é uma combinação de duas palavras náuatle, *quetzal* – um pássaro com penas grandes – e *coatl* – a serpente. Nesta história, também somos apresentados a Tlatoc, o deus da chuva, que foi fundamental para o nascimento de Quetzalcoatl.

*Um dia em particular, muito tempo atrás, Tlatoc, o deus da chuva, estava sentado acima de uma nuvem, fornecendo água vitalizadora para a terra abaixo. Tlatoc olhou para baixo e viu uma bela caverna, por onde as serpentes entravam e saíam para receber a água que as alimentava. Mas ele viu que havia uma pequena serpente que não queria sair. Essa serpente tinha medo de luz, tinha medo da vida. Ela preferia ficar na escuridão e na segurança da caverna e estava com muito medo de se aventurar.*

*Em um primeiro momento, Tlatoc não fez nada além de observar. Ele podia ver o medo da pequena serpente crescendo cada vez mais. O deus da chuva ficou comovido; ele sentiu amor pela pequena serpente. Foi então que ele disse a si próprio: "Quero fazer tudo o que estiver ao meu alcance para ajudar esta pequena serpente a sair da escuridão e ir para a luz". Então, por amor à pequena serpente, o deus da chuva fez chover. Ele fez chover durante dias, e esses dias se transformaram em semanas e meses. A cada centímetro de chuva, mais água entrava na caverna, de modo que foi ficando cheia. As outras serpentes simplesmente foram para fora, e a pequena serpente teve de continuar subindo cada vez mais alto dentro da caverna escura para ficar fora da água. Ela estava com medo, e embora Tlatoc pudesse ver o medo da pequena serpente, ele sabia que apenas esse sofrimento daria à serpente a coragem de sair da caverna.*

*Finalmente, depois de muitos meses de chuva e sem nenhum lugar para ir, a pequena serpente não teve outra escolha a não ser sair. Ao ver a pequena serpente emergir da caverna, Tlatoc parou a chuva e separou as nuvens e, ao fazê-lo, o sol começou a brilhar sobre a terra.*

*A pequena serpente estava maravilhada, pois nunca tinha visto a luz ou o mundo fora da pequena caverna. Ela se encantou com o mundo ao seu redor enquanto sentia o calor do sol. Ela olhou para o céu e viu a coisa mais incrível: pássaros lindos e coloridos, os pássaros quetzal, voando ao seu redor. Ela ficou hipnotizada pela beleza e capacidade dos pássaros de deixar a terra e viajar com tanta graciosidade.*

*Mas outra serpente deslizou ao lado da pequena serpente e disse: "você ama o pássaro, não é? Você quer voar como o pássaro, não quer? Você quer ser tão bonita quanto o pássaro, não quer?"*

*E a pequena serpente acenou com a cabeça.*

*A outra serpente sibilou: "Esqueça isso! Você é apenas uma serpente! Você sempre será uma serpente, você nasceu para rastejar! Você nunca voará ou será bonita como os pássaros quetzal!"*

*O espírito da pequena serpente sentiu-se despedaçado.*

*Tlatoc estava observando a cena e afastou todas as nuvens. Quando o fez, o sol apareceu mais brilhante do que tinha sido em dois anos. Foi então que algo muito especial aconteceu. A pequena serpente olhou para uma poça de água deixada pela chuva, e, através do poder da luz do sol, viu o seu próprio reflexo. E pela primeira vez, ela viu os seus próprios olhos. Foi nesse exato momento que ela reconheceu o seu verdadeiro poder. Com o céu azul refletido por trás de sua imagem na água, a pequena serpente disse: "Posso não ter asas, mas tenho o poder da imaginação, e com essa imaginação posso voar com os lindos pássaros quetzal! Tenho imaginação, e com a imaginação posso quebrar qualquer barreira, posso tornar o impossível possível porque acredito em mim!"*

*O deus da chuva sorriu porque a pequena serpente finalmente havia compreendido seu verdadeiro poder e já não tinha mais medo da luz. Movido pela jornada da pequena serpente em seu próprio poder, Tlatoc decidiu ajudá-la mais. Ele soprou a pequena cobra para o alto e continuou até que ela ficasse ainda mais alta do que os pássaros. À medida que a pequena serpente voava, ela se sentia mais viva do que nunca!*

*A pequena serpente nem sequer teve medo quando voou perto do sol. Ela sabia que a luz do sol era a mesma luz que estava dentro dela, da qual ela costumava ter medo. Agora que estava tão alto e perto do sol, a luz dela era como um ímã, e a pequena serpente voou direto para o sol e eles se tornaram um só, e o momento produziu um eclipse total!*

*Então, algo saiu do sol, mas esse ser que surgiu não era mais uma pequena serpente com medo da vida, mas sim a grande serpente emplumada – Quetzalcoatl! Ela não precisava mais que o deus da chuva soprasse sobre ela para fazê-la voar; ela tinha aproveitado o poder de sua imaginação e se transformado em algo maior do que era antes, usando sua imaginação e acreditando em seu próprio poder.*

*Quetzalcoatl emergiu do sol e voou ao redor do mundo, sentindo a beleza, sentindo a liberdade da vida e do amor. Ao olhar para baixo, ela viu a caverna onde havia passado toda a sua vida e pensou sobre os outros seres no mundo que estavam sofrendo como ela sofreu antes. Eles não conheciam o seu verdadeiro poder, e ela queria ajudá-los.*

*Enquanto ela voava, viu a grande cidade das pirâmides, Teotihuacán. Ela aterrou no lugar que é conhecido como a Praça do Inferno e disse: "É aqui que vou construir o meu templo, porque quero trazer o céu para o inferno. Vou levar o céu comigo para qualquer um dos irmãos e irmãs que se encontrem no inferno. É quem eu sou aqui para ajudar".*

Você já passou por alguma situação em que sabia que precisava mudar algo, mas tinha medo de fazer isso? Talvez fosse um trabalho que simplesmente não estava funcionando ou um relacionamento que se tornou doentio. Mesmo que a situação estivesse lhe causando uma grande dor, você escolheu ficar porque era algo familiar. Você pode até ter dito a si mesmo que ficou porque não queria magoar ou decepcionar os outros ou tentou se convencer de que as coisas iriam melhorar se você simplesmente "aguentasse firme". Você também pode ter se sentido preso, sem saber o que fazer para aliviar o seu sofrimento.

A maioria de nós já passou por algo assim em algum momento de nossas vidas. Tal como a pequena serpente, a nossa primeira tendência pode ser permanecer escondido na familiaridade da escuridão e deixar que o nosso medo nos negue a experiência de mudar nossas vidas para melhor.

Essa tendência é mais comum do que muitas pessoas imaginam, e foi expressa de forma sucinta pela professora mestra e autora Marianne Williamson em seu livro *Um retorno ao amor*, em que ela escreve: "O nosso medo mais profundo não é sermos inadequados. O nosso medo mais profundo é que sejamos poderosos para além da medida. É a nossa luz, não a nossa escuridão, o que mais nos assusta".

Mas, assim como o deus da chuva fez por sua pequena serpente, a vida criará situações que nos deixarão desconfortáveis e nos empurrarão para fora dos muros da prisão que construímos para nós mesmos. São essas situações da vida, quando as coisas não saem como planejamos, que causam muito do nosso sofrimento. O propósito da vida nessas situações, entretanto, não é nos machucar, mas sim nos ajudar.

São nesses momentos que nosso sofrimento tem valor para nós, porque é então que o sofrimento pode nos mostrar quais das nossas crenças sobre o amor e a vida não são mais verdadeiras para nós. Quando estamos sofrendo, sabemos que estamos apegados a uma crença que precisa ser substituída ou libertada.

É disso que se trata a transformação. Não nascemos para sofrer, e apesar do vício da mente na escuridão, o *nagual* em você está sempre buscando a luz. Se você não conseguir encontrar por si próprio, a vida criará situações que o empurrarão para a luz. A vida faz isso porque você e a vida são uma coisa só.

No entanto, mesmo quando entramos na luz, haverá quem nos diga que não somos bons o suficiente, que não temos poder, ou que devemos desistir porque é muito difícil. Embora essas vozes possam vir de outras pessoas ao nosso redor, muitas vezes essa história também vem de dentro.

Na tradição tolteca chamamos essa voz, a que espalha negatividade em sua mente, de *parasita*. O parasita é a voz em sua mente que diz que você não é suficiente, que não tem o poder, ou que deve permanecer na sua caverna e nem sequer tentar voar entre os belos pássaros.

Pense por um momento sobre quaisquer áreas da sua vida em que tenha dito a si próprio que "não é suficiente". Em que você se subestima? Por que você tem medo de perseguir seus sonhos? Por que você diz que não é bom o suficiente? Essa é a voz do seu parasita falando, não a do *nagual* em você.

Uma lição que a história de Quetzalcoatl ensina é a importância de se tornar consciente do parasita em sua mente e das histórias venenosas que ele conta. Se ouvirmos o parasita e acreditarmos em suas mentiras sem questionar, ficaremos em nossa caverna e nunca realizaremos o nosso potencial, ou permaneceremos como serpentes e nunca nos permitiremos voar entre os pássaros. Quando Quetzalcoatl olha para a poça de água e vê o seu próprio reflexo, lembra-se das ferramentas secretas para fazer de sua vida uma obra de arte, porque elas estiveram dentro dele o tempo todo.

## O poder da criação

Na tradição tolteca, foram os xamãs os primeiros a perceber que os humanos sonhavam o tempo todo, e foram os xamãs que usaram o poder de seu despertar para criar os sonhos que eles escolheram.

Como mestres dos sonhos, os xamãs ensinaram que duas das ferramentas mais poderosas do sonho não eram coisas como força física ou astúcia mental, mas sim imaginação e criatividade. Essas são as ferramentas do artista, e usá-las conscientemente é o primeiro passo para criar o sonho que você deseja.

Todos temos o poder da imaginação dentro de nós, mas muitos de nós já o esquecemos. Quando éramos crianças, usávamos nossa imaginação o tempo todo, mas à medida que nos tornamos mais velhos outras pessoas nos disseram para parar de sonhar acordado ou para "crescermos e vivermos no mundo real". Algumas pessoas nos disseram que nossos sonhos e criações não eram bons, e nós acreditamos neles. Se acreditamos neles por tempo suficiente, então o parasita adotou essas vozes e se fez passar por nossas vozes.

Mas quando colocamos a imaginação e a criatividade de lado, muitas vezes podemos sentir que nossas vidas estão começando a estagnar. Muitos de nós experimentamos isso ao fim dos vinte ou pelo início dos trinta anos, quando a vida começa a parecer repetitiva, como se não houvesse nada de novo ou de diferente para vir ou para acontecer conosco. Há uma sensação de que algo está faltando, de que sua vida perdeu a "faísca". O que está faltando é a oportunidade de investir em sua criatividade, e a imaginação é a faísca que acende o fogo criativo.

Quando falo aqui de criatividade e imaginação não me refiro apenas ao sentido artístico tradicional, mas sim a uma mentalidade geral que influencia o modo como vivemos nossas vidas. Certamente as artes do desenho, da pintura, de fazer música, de escrever e outras formas de criar arte são maravilhosas, mas é a mentalidade de criatividade e imaginação que acompanha esses atos artísticos que queremos capturar e cultivar dentro de nós.

Sempre que você se sentir preso ou insatisfeito, a ação criativa pode trazê-lo de volta ao seu centro. Tentar algo novo ou diferente, que esteja fora de nossos padrões habituais, pode mudar radicalmente a maneira como nos sentimos. A solução é se envolver na criação sem sucumbir à voz de seu juiz interior, aquele que diz: "isso não é bom" ou "isso é uma perda de tempo".

Se nos esquecermos da importância de sermos criadores poderosos e conscientes, é simplesmente uma questão de tempo até começarmos a nos sentir estagnados ou presos, e quanto mais tempo vivermos nessa caverna de "estagnação", mais difícil se torna sair. Criar de forma consciente é o que nos faz sentir vivos. A criatividade é uma maneira maravilhosa de ajudar a quebrar o hábito de sofrimento da mente, porque são ocupações opostas.

Por vezes podemos nos sentir tão desconectados de nossa imaginação e de nossa criatividade que pensamos não conseguir criar absolutamente nada. É nesse momento que o poder da inspiração pode nos colocar de volta no caminho certo. Como os pássaros nesta história estimulando a pequena serpente, a inspiração pode elevar nossos espíritos quando nos encontramos no escuro da caverna e abrir os nossos olhos para as novas possibilidades ilimitadas que sempre estiveram dentro de nós. A inspiração é o que o artista usa para alimentar a imaginação, e é por isso que é importante nos cercarmos de pessoas, ideias e objetivos que nos inspirem.

Quem o inspira? Onde você se sente no auge do seu poder criativo? Existe algum objeto que o inspira? Tenho um amigo escritor que gosta de ir a um museu de arte em busca de inspiração, apesar de não ser pintor ou escultor. Ele diz que a anergia que sente apenas por estar perto de objetos que foram trazidos ao mundo por meio do poder da criação consciente o inspira em seu próprio trabalho. Quer você seja um escritor, um pintor, um escultor, ou não seja de todo um "artista" tradicional, o que quero dizer é que quando você se sente preso ou insatisfeito, a procura consciente por inspiração pode levá-lo de volta ao seu centro.

Inspiração, imaginação e criatividade são os principais ingredientes para trazer todas as obras de arte ao mundo e, da mesma forma, é assim que a obra de arte que é a sua vida também surge. Quando você se torna consciente da sua capacidade de se inspirar, de imaginar e de criar, tem as principais ferramentas para transformar a sua vida em uma obra de arte e ultrapassar quaisquer barreiras que tenha construído para si próprio. Esta é a história de Quetzalcoatl, porque por meio da inspiração, imaginação e criatividade ele transformou o seu próprio inferno pessoal em um lindo paraíso.

Como você provavelmente já deve ter percebido, a história de Quetzalcoatl também é uma metáfora para o despertar do xamã. A pequena serpente que tinha medo da vida e não reconhecia o seu próprio poder é transformada em mestra. Como em muitas das histórias da tradição da minha família, o sol representa a vida, o *nagual*, ou a energia da força vital que compõe e está contida em todas as coisas. Quando Quetzalcoatl se fundiu com o sol, ele usou o poder da vida e foi capaz de recriar a história de sua vida para refletir o seu verdadeiro potencial.

Após sua transformação, Quetzalcoatl se comprometeu com a vida de um mensageiro. Como o meu pai frequentemente destaca, a palavra *anjo* significa "mensageiro", e Quetzalcoatl se tornou um anjo e trouxe sua mensagem do céu – a verdade de que você pode criar o céu mesmo no meio do inferno. Essa é a mensagem que ele e todos os xamãs escolheram compartilhar como forma de ajudar os outros seres a encontrar seu caminho para sair da escuridão da caverna. Dessa forma, compartilhamos o amor que está dentro de nossos corações com os outros.

## Exercícios

### *Imaginação e inspiração*

Quais sonhos você quer realizar neste momento? Faça uma lista. Não se preocupe em "ser prático", apenas escreva o que parece verdadeiro para o seu coração. É importante realmente colocar essa lista no papel em vez de mantê-la em sua mente.

Depois de ter escrito a sua lista, pense em quem ou no que o inspira a atingir esses objetivos. Faça uma lista dessas inspirações juntamente com a sua lista de sonhos de vida.

Quando você se sentir com vontade de voltar para a caverna, de desistir, ou quando ouvir o parasita o encorajando a se derrotar, volte para as suas duas listas e pense nas pessoas ou coisas que o inspiram e olhe para os sonhos que você deseja para a sua vida. Ao se concentrar em seus sonhos e em suas inspirações, você permite que essas suas inspirações o tirem da escuridão e o levem de novo para a luz.

*Ação criativa*

O mais importante sobre a ação criativa é realizá-la. Você pode se sentar e pensar durante dias, semanas ou anos sobre a maneira perfeita de pintar ou tocar piano, mas até que você se sente em um cavalete ou piano, tudo o que você fez foi pensar.

Escolha uma ação criativa para realizar esta semana. Pode ser pintar, desenhar, acolchoar, dançar, cantar – qualquer coisa que lhe dê a sensação de estar criando algo. Talvez a ação criativa que você escolher seja algo que você tem a intenção de fazer ou aprender "para sempre" e agora é a hora de agir sobre isso.

Atenção: você *não* tem de ser "bom" nessa atividade; na verdade, pode ser muito divertido observar o seu progresso em um empreendimento que você nunca experimentou antes. Depois de realizar essa ação criativa algumas vezes (pelo menos semanalmente, se não com mais frequência), verifique como você se sente a respeito. Você gostou? Se sim, continue em frente! Se não, decida se esta atividade não é para você ou se quer apenas uma pausa. Escolha uma nova atividade e experimente por algumas semanas.

O importante é que você cultive a criatividade dentro de você regularmente. Você descobrirá que fazer isso pode mudar toda a sua visão da vida e à medida que começar a usar sua criatividade com mais frequência, se perguntará por que alguma vez parou.

*Traga um espírito criativo para as suas atividades existentes*

Depois de redescobrir sua criatividade, quero que você traga esse espírito criativo para seu trabalho cotidiano no mundo. Quer você trabalhe em casa ou em um escritório, pergunte-se como pode acrescentar criatividade às suas atividades existentes.

Por exemplo, um querido amigo meu gosta de dizer: "ninguém no mundo varre o chão como eu", pois ele dança e faz movimentos criativos com a vassoura enquanto varre o chão. A verdade é que ninguém faz nada como você, e o que quer que você faça é uma oportunidade para criar uma obra-prima de arte.

# 4
# A floresta

**Uma lição de consciência**

A divindade está em toda a parte, e é por isso que o xamã sabe da importância da natureza e tem respeito por tudo.

*Um jovem menino asteca, filho de um xamã, estava visitando as desertas pirâmides maias com seu pai. Ele ficou maravilhado com o tamanho e a estatura delas e se perguntou se seria possível que pessoas fossem capazes de construir estruturas tão impressionantes por conta própria. Ele tinha ouvido rumores de que os deuses tinham descido do céu para ajudar os maias, e queria saber o segredo. Ele continuou perguntando ao pai, até que o homem finalmente respondeu: "você vai descobrir quando for dormir esta noite, meu filho".*

*Naquela noite, o menino adormeceu e teve um sonho. Ele sonhou que estava parado no meio da floresta, mas experimentou a floresta de uma maneira que nunca tinha experimentado antes. Ele ouviu cada movimento das árvores, as batidas dos corações dos animais, cada folha a soprar ao vento. Ele sentiu a incrível vivacidade ao seu redor. Ele sentiu a conexão com a terra. Ele percebeu que era um com a natureza, com o silêncio, com a quietude e o vazio, porque esses são a fonte de onde provêm todas as coisas. Ele viu que não havia separação entre o material e o espiritual. Tudo é espiritual. Tudo é Deus, tudo à nossa volta.*

*De repente ele sentiu a sua atenção se concentrar em uma colônia de formigas e no monte colossal que elas haviam construído. Em sua mente, a criação do monte apareceu como um filme. Primeiro ele viu um pedaço de terra vazio, depois algumas formigas começaram a mover a terra e a construir o monte, depois mais algumas, e então foi como se ele se transformasse em formiga na colônia de formigas. Ele era uma delas e juntos moveram a terra com incrível precisão, e ele maravilhava-se com o monte que haviam construído do nada. Antes de começarem a construir não havia nada, e agora tinha um monte colossal que era mil vezes maior do que qualquer formiga individual.*

*Quando ele acordou na manhã seguinte, seu pai estava sentado ao lado da cama. Antes que ele pudesse dizer qualquer coisa, seu pai lhe disse: "as formigas podem construir um monte muito maior do que elas próprias, e os humanos são muito maiores do que as formigas. Não deixe que as vozes da sua mente o encham de dúvidas".*

Você já percebeu o que acontece quando você viaja para um lugar exótico pela primeira vez? Tudo o que vê é novo e fresco, e você fica maravilhado porque sua mente não tem memória ou experiência passada desse lugar.

Mas, na terceira ou na quarta visita, esse destino exótico provavelmente já não terá o mesmo efeito estimulante sobre você. Uma razão para isso é que, uma vez que a mente tenha experimentado um lugar, ela tende a pensar que o "conhece" e, como resultado, a mente confia na memória dessa experiência em vez de estar presente para ela novamente. Isso não acontece apenas com destinos exóticos: onde quer que você esteja neste momento, é um lugar bonito e majestoso, basta você olhar para ele com novos olhos.

A sua mente faz algo semelhante quando se trata de objetos, pois nesse sentido também se baseia em recordações passadas e não na experiência de momentos presentes. Por exemplo, pare de ler por um momento e dê uma olhada ao seu redor, observando o que você vê. Dependendo de onde você estiver, é provável que a sua mente já tenha produzido uma variedade de rótulos, tais como cadeira, mesa, cama, ou, se você estiver fora, grama, árvores, água etc.

Dessa forma, a mente vê as coisas e as rotula, associando-as à memória e à experiência passada. Observe como a sua mente não "olha" mais para muitos desses objetos, porque ela já "sabe" o que eles são. Mas seus rótulos são uma descrição precisa da realidade? Ou sua verdadeira beleza e mistério estão para além de qualquer coisa que possa estar contida ou descrita em um rótulo?

A seguir, pense nas pessoas em sua vida: sua família, amigos, aqueles que você vê com regularidade. Quando você olha para eles, você acha que "sabe" quem eles são? A sua mente pode acreditar que sim, mas a verdade é que toda vez que você vê alguém, essa pessoa não é a mesma pessoa que você viu antes, mesmo que você a tenha visto ontem. Estamos todos mudando o tempo todo, mas a mente turva a nossa experiência atual com as projeções de memórias passadas. Quando fazemos isso com outras pessoas, não permitimos que elas mudem; em vez disso, apenas vemos nossa imagem delas. Elas podem ser completamente diferentes de quem eram ontem, ou há dez anos, mas não saberemos se confiarmos na nossa imagem delas em vez de as olharmos de novo no momento.

Todos esses são exemplos de como podemos viver sob o condicionamento de nossas mentes, e não no mundo que está acontecendo neste momento.

Evidentemente que a mente não para por aí, pois depois ela pega esses rótulos, projeções, memórias e todo o resto que "conhece" e constrói histórias a partir do que percebe. Frequentemente essas histórias têm pouca base na realidade.

Por exemplo, digamos que uma pessoa que você não conhece entre na sala. A mente pode sutilmente tirar conclusões sobre essa pessoa, baseada na forma como ela está vestida, na cor da sua pele, na sua aparência física etc. Dessa forma, a mente está projetando as suas expectativas sobre essa pessoa à sua frente com base em suas memórias de experiências passadas, incluindo quaisquer ideias que tenhamos sido domesticados para acreditar. A verdade é que você nunca viu essa pessoa antes e não tem como saber mais nada sobre ela.

Por vezes as memórias que a mente usa para criar essas projeções nem sequer são escolhas conscientes. Por exemplo, digamos que a pessoa que entrou na sala se parece com alguém que o maltratou anos antes. Embora você possa não ter uma associação consciente imediata entre a memória passada e a sua projeção presente, sem perceber você pode decidir que essa pessoa em particular parece "hostil".

Se eu perguntasse por que pensa isso sobre ela, talvez você nem seja capaz de me dar uma resposta. A questão é a seguinte: a pessoa que está diante de você pode ser muito amigável, mas talvez você nunca descubra isso. Muitos de nós já experimentamos algo assim em nossas próprias vidas, quando, por exemplo, passamos a conhecer bem alguém que antes era apenas um conhecido, e você diz algo como: "você não é como eu esperava que fosse".

Compreender a diferença entre o que está acontecendo no mundo e o que está acontecendo apenas na sua mente é a chave para encontrar a sua própria liberdade pessoal. Até que você saiba a diferença, a sua mente pode continuar a criar histórias baseadas em suas dúvidas, medos e domesticações, todas elas alimentando o seu vício em sofrimento.

Esse tipo de construção de histórias não se limita apenas às nossas experiências com outras pessoas. A mente frequentemente lhe dirá, mesmo sutilmente, que você não pode fazer algo ou que você não é suficiente. Na história da floresta, a mente do menino tinha duvidado de que os maias pudessem construir as pirâmides sem ajuda sobrenatural e, como ele também é um ser humano como os maias, essa crença também foi uma manifestação sutil de sua própria dúvida.

Outras vezes a mente age de uma maneira que não é sutil, usando uma linguagem dura para nos repreender, e é essa linguagem que pode ficar presa na repetição em nossas cabeças. Esse é o parasita mais uma vez erguendo a cabeça, e vai prender a sua atenção se você permitir. Lidar com o parasita, especialmente como uma voz de dúvida e de autojulgamento, é um tema recorrente em muitas histórias de xamãs, porque libertar essas ideias autolimitadoras é um dos passos mais necessários e importantes no caminho xamânico.

Eu adoro a história da floresta, porque ela nos oferece outra ferramenta poderosa para ver por meio das travessuras da mente em rótulos, histórias e especialmente as vozes da dúvida, e essa ferramenta é a *consciência*.

## O domínio da consciência

A palavra *consciência* é enganosamente simples. No mundo moderno é utilizada de várias maneiras para descrever coisas como ser consciente, conhecedor, informado, ou mesmo sofisticado, mas nenhum desses usos da palavra capta a consciência que é intrínseca à tradição tolteca. Para os toltecas, a palavra *consciência* descreve uma prática muito mais profunda.

A prática da consciência começa por estar plenamente presente no momento, dando total atenção a tudo o que está acontecendo ao seu redor. A consciência inclui a disposição de experimentar o que está acontecendo no momento e observar tudo o que entra em seu campo de percepção como novo nesse momento, mesmo quando a sua mente diz que você já viu isso mil vezes antes.

Consciência também significa usar *todos* os seus sentidos para assimilar o que está acontecendo: as imagens, os cheiros, os sons, os sabores e os sentimentos. Muitos de nós confiamos em nosso sentido dominante (para a maioria de nós é a visão) para nos dar informações sobre o mundo, e quando negligenciamos nossos outros sentidos, é mais fácil para a mente prender a nossa atenção porque estamos percebendo o mundo por meio de uma fonte apenas. Quando usamos todos os nossos sentidos para praticar a consciência, é mais fácil nos mantermos firmes no que está acontecendo agora, em vez de nos envolvermos nas histórias que nossas mentes estão contando. À medida que você praticar a sua consciência, considere cada um dos seus sentidos e o que eles estão dizendo a você no momento: Qual cheiro você está sentindo? O que você ouve? Qual é a sensação? Que sabor tem?

Embora a prática da consciência comece trazendo a sua atenção para o que está acontecendo fora de você, ela não para por aí. Ter consciência também significa que você percebe a reação de sua mente a esses acontecimentos externos, incluindo quaisquer rótulos, histórias, crenças ou ideias que estejam surgindo, especialmente aquelas que ativam o vício da mente para o sofrimento.

Ao estarmos conscientes das nossas construções mentais, somos mais capazes de ver por meio de quaisquer crenças, ideias ou histórias que não sejam verdadeiras, antes que provoquem uma reação em nós. Dessa forma, estamos, na verdade, entendendo a mente enquanto ela tenta alimentar seu vício em sofrimento, e assim evitamos as armadilhas quando elas surgem.

A consciência do que está acontecendo dentro de nossa mente pode nos ajudar de grandes e pequenas maneiras. Como um pequeno exemplo, digamos que alguém o elogie dizendo: "você é uma pessoa incrível". Agora, em um determinado nível, este é um elogio maravilhoso e parece relativamente inofensivo. E é inofensivo – desde que você não invista muito da sua felicidade nisso ou em qualquer outro elogio por esse motivo.

Se o fizer, quando então alguém lhe disser o contrário ou quando você não receber elogios ou cumprimentos dos outros, você estará se preparando para a infelicidade. Se alguém lhe disser que você é uma ótima pessoa, mas outra pessoa não comentar, você pode se sentir decepcionado, porque a sua identidade se tornou apegada à aprovação dos outros. Ao perceber a sua reação aos elogios ou à falta deles, você está se tornando consciente da necessidade da mente em aplausos, adulações ou elogios, e essa percepção é o primeiro passo para retomar o poder de controlar a sua própria felicidade. Quando você não depende mais dos outros para lhe dizerem que tipo de pessoa você é, o seu amor por si mesmo deixa de ser condicional. Você sabe que é uma ótima pessoa, e não é mais importante que ninguém diga isso.

Um querido amigo meu descobriu uma maneira única de se libertar de sua necessidade de aprovação. Sempre que alguém o elogiava, ele se lembrava de que o que diziam era verdade, quer continuasse ou não a receber elogios verbais a esse respeito. Por exemplo, se alguém lhe dissesse: "você é um cara excelente", ele responderia: "obrigado" em voz alta, mas em sua mente também diria: "e isso é verdade quer você diga ou não". Essa era a sua maneira de se lembrar que sua verdade não dependia da aprovação de outras pessoas.

Ao desenvolver sua consciência interior, você percebe que as pessoas podem elogiá-lo ou não e, embora você possa receber os elogios, a sua felicidade não depende de os receber.

Como um grande exemplo, digamos que você cresceu em uma casa onde foi fortemente domesticado com a ideia de que você não era suficiente. Talvez os seus pais ou cuidadores, devido às suas próprias domesticações, ou não apoiaram, na melhor das hipóteses, os seus objetivos, ou, na pior das hipóteses, o desencorajaram de tentar coisas novas, arriscar ou ultrapassar os limites que eles estabeleceram para você. Se você não tiver conhecimento dessa domesticação, poderá não se candidatar ao emprego que realmente deseja, não buscar um relacionamento amoroso ou não realizar os seus próprios empreendimentos, tudo por causa do sussurro no fundo da sua mente dizendo: "você não consegue, nem se preocupe".

Ao se tornar consciente de suas próprias dúvidas, crenças autolimitantes, autojulgamentos e de suas origens, você será capaz de ver o mundo e a si mesmo com clareza. Você reconhecerá a voz de suas domesticações e se lembrará de que tem o poder dentro de si para criar a vida que deseja, em vez daquela que lhe disseram para ter.

Na tradição tolteca, uma vez que você começa a praticar regularmente a consciência, dizemos que a partir daí você é um *caçador tolteca*, porque está perseguindo a sua mente, observando o surgimento de pensamentos e crenças que não lhe servem, para que possa derrotá-los em vez de permitir que eles o arrastem de volta para o sofrimento.

À medida que sua prática de conscientização se aprofunda, você descobrirá que vive mais no presente do que em arrependimentos do passado ou em preocupações imaginárias sobre o futuro. Conforme desenvolve sua consciência, você também pode começar a captar sentimentos ou energias sutis que talvez não tenha notado antes. Isso pode ser especialmente útil ao lidar com outras pessoas, pois você pode proteger sua própria energia interior ao encontrar aqueles que estão profundamente envolvidos em sua própria negatividade.

Lembre-se de que você está aqui para ajudar e ser útil, mas ao mesmo tempo cada um faz as suas próprias escolhas e devemos respeitar o seu direito de escolha. Dessa forma, a consciência nos ajuda a não sermos arrastados pela negatividade dos outros.

Mais importante ainda, fortalecer a sua consciência o ajuda a derrotar a sua própria negatividade. À medida que o menino da história se conecta aos seus sentidos, ouvindo cada som e sentindo cada movimento, ele já não se deixa enganar pelas suas crenças falsas e autolimitadoras. Quando o menino tem consciência suficiente para se separar das histórias de sua mente, ele magicamente se transforma em um membro da colônia de formigas e percebe, por meio da construção do monte de formigas, que todas as pessoas são capazes de criar grandes coisas.

A transformação do menino em uma formiga é um símbolo do poder da consciência. Quando você se torna um mestre da consciência, entra em contato com uma fonte de poder que não pode ser compreendida pela mente humana, pois a consciência o coloca em alinhamento com a única vida, o *nagual*. O surpreendente é que, quando vivemos no presente, conscientes de nossos acontecimentos interiores e exteriores, podemos ver melhor a beleza da vida única que permeia tudo. Vemos a diferença entre estar em harmonia com a vida e rotular, projetar e criar histórias sobre ela.

A consciência é uma prática tão importante que todas as outras ferramentas deste livro estão condicionadas a ela. Você não pode investigar as suas domesticações, os seus autojulgamentos, os seus ressentimentos ou todas as crenças que o impedem de viver a sua verdade até que se torne consciente delas.

O livro *Mastery of Awareness* descreve este estado elevado em que tomamos as rédeas de nossas mentes em vez de permitir que nossas mentes nos dominem. Há muita coisa para estar consciente em nossa mente, e no início desta jornada isso pode parecer avassalador. A boa notícia é que se torna mais fácil ao longo do tempo e, a cada crença falsa que desfazemos, podemos sentir a nossa própria liberdade cada vez mais.

Quando meus irmãos e eu estávamos crescendo, nossa avó costumava nos fazer uma pergunta: "Como está o tempo?" À medida que avançávamos em nossas jornadas toltecas, finalmente percebemos que sua pergunta não tinha nada a ver com as condições atmosféricas exteriores, mas inteiramente com o que estava acontecendo dentro de nossas próprias mentes.

**Exercícios**

*Reconecte-se com a natureza, uma meditação de consciência*

Estar na natureza é um dos melhores lugares para fortalecer a sua prática de consciência, porque na natureza você está cercado por algo que é muito maior do que você e que é verdadeiramente insondável para a mente humana. Todas as nossas maravilhosas inovações em ciência e tecnologia, edifícios e cidades, empalidecem em comparação com uma árvore, com uma folha, para não mencionar uma floresta inteira. Muitas pessoas descobrem que, quando estão na natureza, fica muito mais fácil se desligar das histórias, pois quando se afastam fisicamente das criações da mente no lado de fora são mais capazes de fazê-lo também por dentro.

Quando você pratica o aumento de sua consciência externa usando os seus sentidos físicos para entrar em contato com as sensações, sons, imagens e cheiros da natureza ao seu redor, você naturalmente começa a tomar consciência do que está acontecendo dentro da sua mente. Você percebe os pensamentos que o afastam do momento presente, percebe os medos, os julgamentos, os arrependimentos do passado e se torna consciente do parasita e do *mitote* em sua mente – as milhares de vozes competindo por sua atenção.

Esta é uma meditação para fazer andando. Quanto mais você for capaz de entrar na natureza, sem nenhuma das distrações das criações humanas, melhor. Não leve seu celular com você nesta caminhada. Será maravilhoso se você puder ir para uma floresta, mas o seu quintal também funcionará. Assim como você praticou no seu exercício inicial de meditação, concentre-se no que está ao seu redor. Você não deve fechar os olhos enquanto caminha (especialmente não em uma floresta onde ramos e pedras podem estar debaixo dos seus pés), mas aproveite esta oportunidade para olhar as coisas ao seu redor, para cheirar as folhas e a grama, para ouvir o sussurro das árvores ou os animais correndo. Pense na sensação da casca da árvore sob suas mãos e no aroma da chuva no ar. Ao se desconectar das criações da humanidade e voltar a sua atenção para a natureza, permita que a quietude que corre por trás de todas essas coisas se torne o seu foco. Concentre-se no silêncio que está subjacente a cada canto do grilo ou dos pássaros.

A sua mente irá vaguear, como sempre, mas quando isso acontecer, apenas traga a sua atenção de volta ao presente, primeiro se concentrando no que você sente ao seu redor, depois na quietude e no silêncio. Observe os sons de seus pés esmagando as folhas ou o cheiro das ervas e flores frescas ao passar por elas. Por estar na natureza, você pode achar mais fácil concentrar os seus sentidos no que realmente está acontecendo fora de você do que no que a sua mente "sabe" que está acontecendo em um ambiente familiar e trazer esse foco para dentro de você também.

## *Mantras de intenção*

Todos nós sentimos dúvida, mas se não for controlada, a dúvida pode ser uma arma particularmente potente da mente. Acho útil lembrar-me das minhas intenções quando estou perdido em momentos de dúvida. Uma boa maneira de fazer isso é incorporar a prática do mantra em seu dia.

Para criar um mantra de intenção, reserve alguns minutos para sentar-se em silêncio pela manhã e pergunte a si mesmo quais são as suas intenções atuais ao criar a obra-prima de arte que é a sua vida. Em outras palavras, quais qualidades você está trabalhando para cultivar em sua vida? Quais objetivos você espera alcançar?

Pode ser: "Quero permanecer em paz em situações estressantes", "quero ajudar os outros" ou "quero praticar estar no agora". O seu mantra também pode ter objetivos específicos, tais como realizar certas coisas no trabalho, escola, casa etc. Expresse a sua intenção de uma maneira que enfoque o que você deseja, e não o que não deseja.

Quando você tiver a intenção do dia, diga-a em voz alta pela manhã e leve-a com você pelo resto do dia. Quando você estiver preso na hora do trânsito matinal, repita. Quando você derramar o seu café sobre a sua roupa favorita, repita. Em qualquer situação que possa levantar dúvidas em sua mente, repita. Este é o seu lembrete para você mesmo sobre quem você é e o que deseja realizar; e ele o ajudará a mantê-lo concentrado no que é positivo.

# 5
# A iniciação da cascavel

## O poder do ritual

Uma das características de um xamã é que, em vez de adotar as crenças dos outros, ele olha para dentro de si em busca das respostas que já estão lá. O xamã segue o seu próprio caminho, não aquele que tenha sido traçado por outros. Os rituais oferecem uma maneira de promover a prática xamânica desde que você tenha o cuidado de participar deles com plena consciência e apenas continue com um ritual específico porque é útil para você e não por causa das conotações que pode ter para os outros. Não existem rituais obrigatórios no caminho para a liberdade pessoal.

No meu caso, meu pai realizou um ritual para meu irmão e para mim em uma montanha no sul da Califórnia chamada Madre Grande, que é o nome espanhol para "A Grande Mãe" – uma iniciação ao caminho do *nagual*. Meu irmão e eu optamos por seguir o caminho e participar da iniciação, mas o que não esperávamos era a incrível cerimônia que nosso pai faria com a Mãe Natureza.

Meu irmão, Don Miguel Ruiz Jr., descreveu o dia da seguinte forma[2]:

---

2. Extraído do livro *Don Miguel Ruiz's Little Book of Wisdom* (Editora Hierophant, 2017), por Don Miguel Ruiz Jr.

*Quando chegamos à montanha, meu pai nos levou para uma caminhada pelo terreno, explorando como sempre fazíamos. Começamos a escalar as grandes pedras, encontrando um pequeno caminho que nos levava perto do meio da encosta. A esta altura, Jose tinha assumido a liderança, e eu e meu pai seguíamos atrás. Foi quando Jose encontrou uma fenda em forma de caverna feita de quatro grandes pedras. Meu pai entrou primeiro na caverna para se certificar de que estava tudo bem, e depois nos convidou a entrar.*

*Sentamo-nos e meu pai começou a nos contar a história de nossa família – sobre Don Eziquio Macías, sobre o avô da minha avó, sobre o seu pai, Don Leonardo Macías, e sobre os toltecas como cultura e como filosofia...*

*"Eu vejo isso como um sinal de poder, de que vocês dois queriam vir aqui", ele nos disse. "Isso significa que é hora de iniciá-los no caminho dos toltecas. Vocês gostariam de ser iniciados?"*

*Jose e eu olhamos um para o outro e então balançamos a cabeça em concordância. Ambos estávamos ansiosos pelo dia em que poderíamos aprender mais sobre a tradição de nossa família.*

*"Ótimo", respondeu meu pai, e então tirou duas bolsas de couro que tinha levado dentro de sua mochila, e deu uma para cada um de nós. Dentro de cada bolsa havia um bastão, um cordão vermelho, um pedaço de tecido vermelho, um cordão de couro, sete pedras (cinco pedras cinzas, uma pedra preta e uma pedra branca) e uma pena de águia. Ele nos pediu que retirássemos todos os conteúdos e que os segurássemos próximos aos nossos corações.*

*"Esta é a iniciação de vocês, meus filhos, vocês são os artistas de suas próprias vidas e estão dando os primeiros passos em uma longa jornada de autodescoberta e amor. Vocês continuarão a se envolver com o Sonho do Planeta durante muitos anos, ambos se perderão e encontrarão o caminho de volta para casa, e*

*eu estarei aqui para ajudá-los em cada passo. Retirem as pedras e segurem-nas com a mão esquerda. Cada uma dessas pedras representa um compromisso que vocês farão..."*

*Fizemos como ele nos instruiu e ouvimos enquanto ele explicava o significado de cada pedra:*

*"A primeira pedra representa o compromisso de ser impecável com a sua palavra. Pois é a sua palavra que cria o sonho em que você vive. A maneira como você a utiliza o deixará feliz ou triste. Mas se você for impecável com a sua palavra, conhecerá sempre o amor.*

*A segunda pedra representa o compromisso de não levar as coisas para o lado pessoal. Nada do que os outros fazem é por sua causa, o que significa que apenas você é responsável por suas próprias ações e pela sua própria percepção. Esta é a chave para viver a vida com livre-arbítrio.*

*A terceira pedra representa o compromisso de não fazer suposições. Esteja sempre disposto a perguntar o que você não sabe. Se você responder com a sua própria história, pode começar a acreditar em uma ilusão. Esteja sempre disposto a ver a vida tal como ela é.*

*A quarta pedra representa o compromisso de fazer sempre o seu melhor. O seu melhor constantemente mudará, mas esteja sempre disposto a agir quando a vida lhe der a oportunidade de o fazer.*

*A quinta pedra representa o compromisso de ouvir, mas ser cético. Isso também inclui o que eu digo a você. Não acredite em mim, mas ouça. Não acredite em si mesmo, nas vozes em sua mente, mas ouça. E não acredite em mais ninguém, mas ouça. A questão, meus filhos, é sempre ouvir com ceticismo. Há um elemento de verdade em cada voz que você ouve, mas é seu trabalho discernir quais partes são realmente verdadeiras para você.*

*Em sexto lugar, esta pedra negra representa a morte. A morte é a nossa maior professora; ela nos dá tudo o que temos e vai levar tudo de volta. Portanto, aprenda a valorizar o que você tem, e esteja disposto a deixar tudo para trás assim que a morte vier buscá-lo.*

*Em sétimo lugar, esta pedra branca representa a vida. O nosso maior medo não é a morte, mas sim a vida. Não tenha medo de viver, não tenha medo de ser você mesmo, não tenha medo de nada – desfrute de tudo enquanto está aqui, uma vez que você está aqui.*

*O bastão representa a jornada da vida, uma cobra de duas cabeças que representa a sua jornada entre dois sonhos. Por favor, cubra o bastão e as pedras com este pano vermelho e aperte com o cordão de couro.*

*Agora, pegue esta pena – esta pena representa a sua liberdade, a sua capacidade de ir em qualquer direção na vida, porque você é tão livre quanto o vento, nada nem ninguém pode segurá--lo; o vento e as suas asas trabalham em harmonia, assim como a sua mente e o seu coração. Lembre-se sempre de quem você é."*

*Tanto meu irmão quanto eu começamos a seguir as instruções de meu pai o melhor que podíamos, e ele nos ajudou a amarrar a pena com o cordão vermelho para completar o nosso objeto de poder, o símbolo de nosso aprendizado. Quando terminamos, meu pai saiu da caverna e, de costas para o sol, nós pudemos ver a sua sombra no chão da caverna. Ele então colocou as mãos sobre a cabeça para que a sua sombra agora parecesse uma cobra, com a cabeça da cobra sendo formada por suas mãos acima de sua cabeça. Em seguida, ele balançou os dedos de modo a imitar o movimento da língua de uma cobra e começou a mover o corpo de um lado para o outro em uma dança ritmada. O resultado foi que a sua sombra agora dava a ilusão de uma cobra deslizando no chão com a língua entrando e saindo.*

*Meu irmão e eu estávamos observando a sombra da cobra deslizando no chão da caverna, quando de repente a encosta da montanha começou a se encher com o som de muitas cobras cascavéis, sacudindo as suas caudas. Meu irmão e eu nos olhamos em choque – mal podíamos acreditar que isso estava acontecendo.*

*Meu pai estava calmo. "As cascavéis aceitaram a sua iniciação", ele disse. "Agora vocês são aprendizes da vida." Meu pai se afastou brevemente e o barulho cessou quando ele o fez. Jose e eu ainda estávamos tentando entender o que tinha acontecido...*

Como meu pai mostrou ao meu irmão e a mim naquele dia nas montanhas, um ritual pode ser uma ferramenta muito útil na preparação para percorrer o caminho do xamã. Os rituais são úteis porque são uma expressão física do seu desejo interior. Eles manifestam a sua intenção e movem essa intenção para além do domínio do mero pensamento e para o mundo da ação. Quando você realiza um ritual, também está acessando a poderosa energia das coisas que o rodeiam e invocando a energia delas para ajudá-lo no caminho.

A história de nossa iniciação também demonstra como alguns xamãs podem se comunicar com a natureza de uma forma que não pode ser explicada. Não há nenhuma razão científica para explicar como meu pai, um poderoso xamã, foi capaz de se comunicar com aquelas cascavéis, mas eu estava lá e testemunhei pessoalmente isso. Meu pai também fez outras coisas que a mente não consegue explicar, tais como fazer as nuvens aparecerem e depois desaparecerem na frente de um grupo de aprendizes em Machu Picchu, Peru, bem como visitar as pessoas em seus sonhos noturnos (ele apareceu no meu próprio sonho noturno quando eu tinha dez anos).

Certa vez, um amigo meu perguntou ao meu pai como ele fazia essas coisas, e meu pai respondeu: "Eu não posso lhe dizer, e não porque seja um segredo, mas porque não existem palavras para descrever como essas coisas são feitas".

Apesar do grande interesse por esses acontecimentos milagrosos, meu pai nunca deixou esses fenômenos desviarem a atenção da mensagem primária do xamanismo e dos seus ensinamentos: encontre a sua própria liberdade pessoal, cure-se do vício em sofrimento, esteja disposto a servir aos outros.

Você também deve ter notado que cada um dos itens da bolsa era simbólico para o trabalho interno. Em outras palavras, os bastões, as pedras e as penas eram símbolos externos de compromissos internos que estávamos fazendo conosco. Esses itens são símbolos externos para nos recordar de nossos compromissos internos.

Na tradição xamânica, chamamos objetos que têm essa capacidade de *objetos de poder*. Um objeto de poder, ou o que também poderia ser chamado de *totem*, é um objeto ou símbolo sagrado com o qual um xamã tem uma relação, o que lhe permite invocar o poder do que quer que o objeto represente. Por si só, esse objeto é apenas um objeto. No entanto, quando o xamã coloca a sua intenção, ou o seu poder pessoal no objeto, ele começa um relacionamento com o objeto e pode usá-lo para se concentrar e aumentar o seu poder.

Quase qualquer objeto natural pode ser um objeto de poder, se tiver alguma ressonância com as energias do xamã. O que é importante é a relação entre o xamã e o objeto e as crenças do xamã sobre a natureza do objeto, mais do que o próprio objeto. Pedras, penas, ervas e muitos outros itens naturais podem ser objetos de poder. Porque o importante é a sua conexão pessoal, penso que é uma boa ideia encontrar os seus próprios objetos de poder ao caminhar pela natureza.

Mais uma vez, o que é central para um objeto de poder é a intenção que se coloca nele. Realmente não importa a forma *como* você coloca a sua intenção em um objeto de poder. Em vez disso, o que importa é a intenção que você coloca no seu objeto de poder. Para este fim, um ritual pode ser uma boa ideia para dedicar o seu objeto de poder ou para o ajudar a ser muito claro sobre a intenção que deseja dar a ele. Para esclarecer a sua intenção, você pode realizar uma pequena cerimônia ou ritual, meditando com o seu objeto de poder e vendo a intenção fluir para dentro dele como um rio de luz. Incluí um ritual para criar um objeto de poder nos exercícios do fim deste capítulo.

## Totens animais

A façanha milagrosa de meu pai naquele dia com a cascavel também mostra que a conexão do xamã com a natureza e com o mundo animal é poderosa. Por causa disso, nenhum livro sobre o xamanismo estaria completo sem uma discussão a respeito de um dos aspectos mais conhecidos da conexão entre o xamanismo, o mundo animal e o poder do ritual e da iniciação: os totens animais.

Conforme você já deve ter percebido, as histórias que os xamãs contam costumam ter animais como símbolos, o que não é surpreendente, dado o respeito que o xamanismo tem pelos outros habitantes deste bonito planeta.

Em muitos aspectos, a mente animal é muito mais clara do que a mente humana, uma vez que os animais não têm a tendência de contar histórias nem o vício de sofrimento que a mente humana enfrenta. Os animais vivem com plena consciência do momento presente, sem *mitote* ou parasita, e, por isso, eles têm acesso direto ao conhecimento silencioso.

Por exemplo, no catastrófico tsunami que tirou tantas vidas na Tailândia em 2004 pouquíssimos corpos de animais foram deixados na destruição, e houve dezenas de relatos a respeito de animais fugindo para terrenos mais altos à medida que as águas do oceano recuavam antes da grande onda. Há muito tempo se sabe que cães e gatos percebem quando um terremoto está para acontecer, e já foi observado que agem de maneira estranha nos dias anteriores a um acontecimento desastroso.

Ao contrário dos seres humanos, que permitem que as suas mentes pensantes contornem a sua intuição natural, os animais ainda estão ligados àquela profunda sabedoria inata que permeia a conexão entre todas as coisas. Até mesmo a ciência e a medicina ocidentais estão começando a entender isso, uma vez que os médicos agora utilizam o poder do olfato de um cachorro para detectar certos tipos de câncer e reconhecer quando o açúcar no sangue de um diabético está muito alto ou muito baixo.

Em minha própria tradição tolteca, reconhecemos os animais como símbolos de muitas forças poderosas, com as quais todos podemos nos relacionar. Se eu disser que tem uma cobra na sala, você provavelmente sentirá medo, dúvida ou desconfiança. Não importa se a cobra é real ou não, esse é o poder que tem o símbolo desse animal.

Os totens animais em nossa tradição funcionam da mesma maneira. São símbolos que nos permitem incorporar o poder daquele animal. Diz-se até mesmo que os antigos xamãs eram capazes de transformar os seus corpos físicos nos dos animais com os quais se conectavam, um processo chamado mudança de forma – embora, para os nossos propósitos, é a transformação simbólica, e não a física, que é importante.

Muitos xamãs toltecas elegem três totens animais, que são escolhidos em diferentes momentos de suas vidas. Esses animais se tornam os guias espirituais aos quais os xamãs podem recorrer especificamente quando se deparam com situações difíceis ou acontecimentos dolorosos.

Em minha própria vida, escolhi o morcego, a cascavel e a onça como meus animais espirituais. O morcego veio até mim quando eu estava aprendendo como viver no mundo depois de ter ficado temporariamente cego devido a uma doença física. Sem o benefício da visão, tive de aprender a interagir no mundo. Essa situação me mostrou que eu também precisava aprender a contornar a minha mente e a seguir o meu coração e a minha intuição – este foi o presente que recebi do morcego e é algo a que ainda hoje clamo quando me sinto perdido. O morcego me ofereceu uma maneira de aperfeiçoar a minha própria orientação interior enquanto eu estava cego para o conhecimento externo que me distrairia ou tentaria me distrair.

Eu também sou a cascavel. Quando filhotes, as cascavéis não conseguem controlar o seu veneno e, em determinada época, eu também era assim com o meu veneno emocional. Quando eu estava chateado, eu mordia quem quer que se aproximasse de mim, não importando quais fossem as suas intenções, e liberava todo o meu veneno porque não tinha controle sobre ele. Mas amadureci assim como faz uma cascavel; tomei consciência do meu veneno e aprendi a controlá-lo. Agora é minha escolha quando libero o meu veneno, em quem e em quais níveis. Qualquer que seja a minha escolha, tenho consciência e controle sobre esse veneno e se decido usá-lo ou não.

O meu terceiro totem animal é a onça. A onça é o animal perseguidor, aquele que entra em ação no momento certo. A onça tem intenção, força e poder. Invoco o espírito da onça quando preciso avançar na ação, quando as minhas dúvidas e receios preferem me manter trancado na selva. A onça é o animal que representa o rei da floresta, e, quando a invoco, é um lembrete para mim mesmo de que sou poderoso com a minha intenção, que posso criar tudo o que quiser se agir. Eu uso esse sentimento de poder para me impulsionar a manifestar os meus desejos.

Os membros da minha família também têm animais únicos. Por exemplo, para mim o meu irmão Don Miguel Ruiz Jr. é um urso – ele encarna o urso porque está sempre cuidando daqueles ao seu redor; ele está sempre se colocando na frente dos outros para protegê-los. Ele é um homem de família, e isso é um dom do urso.

O meu pai, Don Miguel Ruiz Sr., é um grande gato, como eu, mas um de seus totens animais é o tigre. O tigre é semelhante à onça como símbolo de poder, de intenção e de ação, mas meu pai tem uma linhagem em um sonho que se originou na Ásia e o tigre presta homenagem a essa origem e também a esses ancestrais.

As características dos nossos totens animais são também aspectos que podemos levar conosco para o sonho pessoal, para usar como ferramentas enquanto criamos nossas vidas. Em qualquer momento podemos ser tão estratégicos quanto a águia, tão astutos quanto a raposa, tão poderosos quanto a onça. Em parte, é por isso que os xamãs usavam animais em suas histórias, porque eles também têm atributos que podemos usar como ferramentas para podermos criar o nosso próprio sonho.

**Exercícios**

*Totens animais*

Em um pedaço de papel escreva todos os animais em que você pode pensar e todas as qualidades que esses animais representam. Além dos animais que mencionei anteriormente, darei mais alguns exemplos para você começar. Lembre-se de que esses exemplos ilustram o que esses animais representam para *mim*, mas o que é importante aqui é o que a lista de animais representa para *você*. Como tenho destacado ao longo deste livro, o caminho do xamã consiste em seguir a sua própria verdade, e a sua verdade será diferente da minha.

| Animal | Qualidade |
|---|---|
| Cachorro | lealdade, amizade |
| Tartaruga | determinação, firmeza |
| Gato | independente, calculista |
| Águia | estratégia, liderança |
| Morcego | consciência, olhar para além da visão |
| Onça | poder de intenção, ação |
| Urso | protetor, defensor, provedor |
| Tigre | força de ação, intenção |
| Cobra | astúcia, poder emocional |

Depois de ter feito a sua lista, considere cada animal e os seus atributos, e então escolha três animais que tenham atributos que você vê atualmente ou que quer cultivar dentro de você. Eles podem ser animais locais ou de outras tradições que você tenha participado ou que você tenha alguma origem.

Comece a chamar os seus totens animais quando você precisar da força deles no seu dia. Depois de um ou dois meses invocando regularmente o seu totem animal, volte à sua lista e anote as novas qualidades que você descobriu durante o tempo de trabalho com o seu totem animal.

## *Objetos de poder*

Os objetos de poder são, na maioria das vezes, objetos naturais. Por isso, para encontrar os seus, sugiro dar um passeio na floresta, em um campo, em um riacho ou em qualquer outro lugar na natureza. Se possível, combine isso com a meditação ambulante (meditação **reconecte-se com a natureza** – do capítulo anterior) para fortalecer a sua consciência.

Quando – ou se, como pode não acontecer na primeira vez ou em todas as vezes que você caminhar pela natureza – você sentir a atração de um objeto próximo, pare e pegue-o. Pode ser uma pedra, um pedaço de pau, uma bolota ou qualquer outro presente da natureza. Depois de ter escolhido um objeto, veja se consegue sintonizar a sua energia. Segurar o objeto faz você se sentir bem? Você se sente conectado ao objeto de alguma forma?

Em seguida, coloque o objeto no chão e se afaste. Se, ao se afastar, você sentir que ainda está atraído pelo objeto, volte e pegue-o. Se você não se sentir atraído por ele, simplesmente retome a sua busca.

Ao voltar para casa, encontre um lugar tranquilo onde você possa ficar sozinho por alguns minutos e pense na intenção que você pretende atribuir aos seus objetos de poder. Este é um objeto que o ajudará a focalizar na sua consciência? Na sua imaginação e na sua criatividade? No seu conhecimento interior? Mantendo essa intenção firmemente em sua mente, feche os olhos e visualize a sua intenção fluindo de seu corpo para o objeto de poder. Imagine que a sua intenção para esse objeto se firma, como uma raiz em um solo fértil e rico. Encerre a sua visualização com uma declaração de gratidão à natureza por lhe ter fornecido o objeto de poder para ajudá-lo a se concentrar na sua intenção. Agora você pode segurar ou pensar no seu objeto quando precisar invocar o poder que lhe foi conferido.

# 6
# A caverna do diabo

## Abraçando a própria sombra

Um dos principais objetivos do xamanismo é eliminar a falsa ideia de que não somos suficientes. A história da caverna do diabo mostra quão profundamente essa ideia está fixada na psique humana.

*Houve uma vez em que um jovem tolteca sonhou que estava caminhando no deserto em um dia quente de verão. Quando o sol desceu sobre ele, ao longe ele viu uma fila de jovens parados do lado de fora de uma caverna escura e agourenta. Eles estavam esperando para entrar e, quando olhou mais de perto, percebeu que não conseguia ver seus rostos com clareza; era como se estivessem obscurecidos, mas a energia que emitiam era de medo e remorso.*

*Ao ver isso, o jovem olhou para o sol, que reconheceu como a fonte de toda a vida, e soube o que deveria fazer: "Quero que todos esses jovens sejam livres para ir para o sol. Entrarei na caverna no lugar deles". Ele correu para a frente da fila e os outros homens recuaram para abrir espaço para ele.*

*Quando ele entrou na caverna estava muito escuro e, de repente, ele começou a ouvir muitas vozes fracas, todas contando histórias diferentes. Não importava para qual voz ele se dirigia, cada uma delas contava uma história de sofrimento, e cada história lhe parecia familiar. Enquanto ele tateava seu caminho no escuro, as vozes ficavam cada vez mais altas. Por fim, o jovem cobriu os ouvidos, caiu de joelhos e gritou: "Já chega! Quem está no comando aqui? Quero vê-lo agora mesmo".*

*De repente a caverna ficou em silêncio mortal. O jovem abriu os olhos e diante dele estava uma grande criatura de aparência demoníaca, com longos cabelos pretos, olhos obsidianos pretos, pele vermelha e chifres. Com raiva, a criatura começou a gritar com o jovem, com uma voz grave: "Como você se atreve! Como ousa pegar as almas das quais me alimento e levá-las para o sol! Essas almas são minhas!"*

*O jovem estava cheio de medo, mas de alguma forma ele encontrou coragem para se manter firme. Ele respondeu: "Não! Elas pertencem ao sol, à luz! Elas não lhe pertencem!"*

*Naquele momento, o demônio começou a rir em zombaria. "Quem é você? Você é fraco! Você não é digno de me desafiar." Então o demônio estendeu a mão, agarrou o homem pela parte de trás do pescoço e começou a puxá-lo em sua direção. Ele levantou a outra mão para atacar, mas o jovem sabia o que tinha de fazer. O jovem interveio e começou a abraçar o demônio. Ele o abraçou fortemente e disse com todo o amor em seu coração: "eu o perdoo".*

Quase todas as culturas do planeta contam um mito da criação que inclui a ideia de que os humanos são fundamentalmente falhos. Na maioria dos casos, essa imperfeição está relacionada com algo que ocorreu antes de nosso nascimento. Encontramos essa ideia nas religiões abraâmicas, em que o pecado original dos humanos é devido à queda de Adão e Eva no Jardim do Éden. O hinduísmo e o budismo têm os conceitos de karma e reencarnação, nos quais nossos pecados de vidas passadas são pagos na vida atual. Essa ideia também é encontrada na tradição tolteca, na história de Quetzalcoatl, conforme vimos anteriormente.

Mesmo o mito atual das origens humanas, o que a ciência chama de *"big bang"*, contém uma ideia sutil da indignidade humana. No mito do *big bang*, a poderosa força vital que existe dentro de todos nós, o *nagual*, é de alguma forma o resultado de um "acidente" cósmico.

Embora seja impossível dizer com certeza quando a ideia de que somos todos "indignos" foi introduzida pela primeira vez na consciência humana, para mim é outra manifestação do vício da mente em sofrimento. Em outras palavras, toda vez que você acredita que é indigno, desmerecedor ou insuficiente, você está sofrendo nesse determinado momento.

Na tradição tolteca, ensinamos um antídoto radical para a ideia de que você é imperfeito: dizemos que você é perfeito exatamente do jeito que você é agora. Essa é uma ideia que pode ser difícil de aceitar no início, principalmente porque você foi domesticado demais para acreditar no contrário. Por exemplo, se eu dissesse: "tudo o que Deus faz é perfeito", você provavelmente concordaria, mas de alguma forma ainda acharia que isso não se aplica a você.

A crença de que somos indignos se manifesta de muitas maneiras, como quando nos repreendemos por cometer um erro simples, quando nos recusamos a nos perdoar por nossas ações passadas ou quando não perseguimos o desejo do nosso coração porque pensamos que não somos suficientemente bons. A verdade é que muitos de nós já nos tratamos de uma maneira que jamais trataríamos qualquer outra pessoa.

A fim de ver a beleza de nossa perfeição, muitas vezes temos de olhar para trás, para aquelas memórias dolorosas de nosso passado, com um espírito de amor e perdão, testemunhar essas memórias de novo e libertar qualquer veneno emocional que ainda estejamos carregando. É assim que podemos recuperar o nosso poder e começar a nos ver como perfeitos.

Até que você se perdoe por suas ações passadas, você ficará preso na caverna de sua mente, onde a voz do *mitote* tentará constantemente puxá-lo para baixo com culpa e vergonha. Como diz meu pai, justiça é pagar por algo uma vez, mas nós, humanos, pagamos pela mesma coisa diversas vezes, reproduzindo continuamente as mesmas memórias dolorosas.

Toda vez que você usa uma memória de suas ações ou omissões passadas para se machucar, você está alimentando o demônio dentro de você; você está se sacrificando ao demônio em vez de pegar o seu lugar ao sol, que é o seu devido lugar. As ações do jovem na história são especialmente poderosas, pois ele escolheu amar o demônio ou as partes de si mesmo que antes o fizeram se sentir culpado e envergonhado.

Só você pode se libertar do demônio na caverna. Quando você ama o demônio que existe dentro de você, aquela voz que continua tentando menosprezá-lo, você aprende a se amar e se liberta da influência dele. O demônio é a voz do seu parasita, e quando você se ama e se perdoa completamente, você transforma o parasita em um *aliado*.

O aliado é outro símbolo poderoso na tradição tolteca e representa a voz da sabedoria em sua mente. O aliado vê você e suas ações passadas a partir de um lugar de amor e é a voz que o encoraja em vez de castigá-lo. O aliado adquire força total quando você derrota o parasita, quando você pode olhar para trás, para os seus erros do passado com amor, sabendo que estava fazendo o melhor que podia na época.

O aliado reconhece que o parasita e o *mitote* são uma parte do vício da mente em sofrimento e, por isso, o aliado gentilmente o guia de volta ao seu centro, lembrando-o de que você é o *nagual*.

## Compreendendo a sua sombra

Quando se trata de compreender e perdoar a nós mesmos por nossas ações passadas, muitas vezes precisamos olhar profundamente para o que é chamado de nossa "sombra".

Muitas pessoas e tradições fizeram referência ao lado sombrio de nossas personalidades (mais notadamente o famoso psicanalista do século XX, Carl Gustav Jung). No entanto, a maneira como eu uso o termo *sombra* é um pouco diferente de como os outros o definem.

Todas as vezes que descartamos certas características ou traços de personalidade dentro de nós mesmos porque não gostamos deles ou não queremos admitir a nós próprios que eles estão presentes dentro de nós, estamos relegando essa parte de nós mesmos para a nossa sombra. Como você pode imaginar, sem consciência e investigação dessas características, elas não ficam escondidas em nossa sombra por muito tempo.

Por exemplo, quando você reage emocionalmente com raiva ou até mesmo com violência, ou quando diz ou faz algo que você pensa estar "em desacordo com a sua personalidade", isso é um exemplo de sua sombra se manifestando. Outros exemplos incluem aquelas coisas que conscientemente acreditamos que não devemos fazer, mas descobrimos que por vezes as fazemos de qualquer maneira.

A sua sombra geralmente está ativa quando você percebe uma característica em outra pessoa que realmente o incomoda, como arrogância, grosseria etc. O que você pode não perceber é que nota facilmente essa característica em outra pessoa porque tem a mesma característica em si mesmo e não gosta dela em você. Isso é o que significa a frase: "as outras pessoas são o meu espelho".

As nossas sombras também podem emergir mais facilmente quando tomamos substâncias que alteram o humor, como algumas drogas ou álcool. Por exemplo, você provavelmente já ouviu a expressão: "ele é um bêbado tão cruel", significando que o comportamento da pessoa em questão muda negativamente depois de ter bebido. O que realmente acontece em muitos casos é que há emoções e hábitos que foram reprimidos em vez de investigados, e o álcool remove a capacidade da pessoa de manter essas questões escondidas nas sombras.

Recentemente uma amiga me confessou que havia traído o marido. Ela estava tomada pela culpa e pelo remorso e dizia para mim: "você deve compreender, eu não sou alguém que trai".

A minha resposta para ela foi bem simples: "exceto quando você o faz".

Embora a minha resposta a tenha assustado, o meu propósito não era de castigá-la ou extrair mais culpa, mas de acordá-la para aquele lado de si mesma que ela estava negando. "Em vez de negar esse lado de si mesma, descubra o porquê de você ter feito isso", eu disse a ela.

O meu ponto aqui é que, quando você participa de um comportamento que vai contra os seus ideais declarados, eu o convido a reconhecer isso como uma parte de sua sombra e a olhar diretamente, mais profundamente para isso e fazer a si mesmo perguntas como: Por que eu agi ou reagi desta maneira? Qual foi a motivação para isso? O que dentro de mim precisa ser trazido à luz e curado? Estou honrando a minha própria verdade pessoal ou estou tentando viver de acordo com ideais de outra pessoa?

A alternativa para esse tipo de análise é esconder esse comportamento ou desejo para dentro de nós; mas, como o próprio ato de esconder algo significa que temos medo ou vergonha disso, isso só agrava o nosso sofrimento. Ao trazer essas coisas para a luz, você pode ver mais claramente quaisquer motivos ou desejos que tenha e aceitá-los. Quando são trazidos para a luz, você pode escolher conscientemente dedicar amor incondicional a si mesmo, especificamente a essas partes que você tentou negar ou esconder anteriormente. Para ser claro, aceitar que um desejo ou comportamento está presente não significa que concordamos com ele ou que decidimos fazê-lo, mas sim que queremos compreender esse aspecto de nós mesmos em vez de fugir e fingir que ele não existe.

Quando você examina as coisas que colocou em sua sombra, às vezes descobre que precisa fazer uma mudança para seguir a sua própria verdade. O que quero dizer é que as crenças ou tendências que você esconde em sua sombra podem ser exemplos mais precisos de quem você realmente deseja ser do que daquilo que você tem permitido que seja visto na superfície. Quando isso acontece, significa que é hora de mudar seus acordos consigo mesmo e com as outras pessoas em sua vida.

Eu conheço uma pessoa que reprimiu a sua identidade de gênero durante anos. Ele cresceu em uma casa em que qualquer mudança nessa área era considerada um pecado, e por causa disso, desde muito jovem, empurrou os seus próprios desejos para o fundo do inconsciente, negando-os até para si mesmo.

Por ele ter sido domesticado desde muito jovem para acreditar que pensamentos e comportamentos fora da "norma" eram errados, na época em que era adolescente ele estava se autodomesticando com essa mesma crença. Para aqueles que não estão familiarizados com este termo, a *autodomesticação* ocorre quando você pega as crenças dos outros e se castiga ou se coage a segui-las, mesmo quando elas vão contra a sua própria verdade pessoal. Com a autodomesticação, você não precisa mais do domesticador em sua vida, uma vez que você já assumiu esse papel.

Finalmente, quando ele olhou profundamente para dentro de si e admitiu a sua própria verdade pessoal, um enorme peso foi retirado de seus ombros. Toda a luta interna de tentar ser algo que ele não era desapareceu.

A boa notícia é que a sombra não inclui apenas as qualidades negativas que você vê nas outras pessoas. As outras pessoas são também o espelho para atributos positivos. Por exemplo, se você notar bondade ou compaixão nos outros, é apenas porque você também tem essas qualidades.

No entanto, você pode perder essas qualidades para a sombra por meio da comparação e de um sentimento de indignidade, dizendo coisas para si mesmo como: "eu não sou gentil como aquela pessoa". Esse é o seu parasita falando com você, não permitindo que você veja o bem que está dentro de você e atribuindo esse bem à sua sombra.

Em qualquer caso, ao examinar profundamente as razões do seu comportamento, em vez de negá-las, você pode se livrar de quaisquer reações inconscientes que surjam. Ao examinar as coisas que antes você entregou à sua sombra, lembre-se de se tratar com amor e perdão. Bater em si mesmo irá mantê-lo preso no vício do sofrimento, e você aprenderá muito pouco sobre si próprio e sobre os seus motivos a partir deste lugar.

Ao se tornar consciente de quaisquer características de sombra que lhe estejam causando sofrimento, você pode muitas vezes canalizar essas características em coisas boas. Por exemplo, se você tem tendência a explodir de raiva, quando estiver consciente disso, pode transformar essa energia para falar por si mesmo fortemente, expressando a sua verdade para os outros quando sentir que alguém está tentando domesticá-lo. A energia para as duas situações é a mesma, mas quando você a canaliza adequadamente, pode transformar a energia de uma reação inconsciente em uma resposta com poder.

## Exercícios

### Você é perfeito

Durante os próximos trinta dias gostaria que você se olhasse no espelho todas as manhãs e repetisse a seguinte declaração:

"Eu sou perfeito exatamente como sou. Eu tenho tudo o que preciso. Eu estou completo."

Quando você diz essas palavras em voz alta pode não acreditar em um primeiro momento, mas o objetivo é continuar a dizê-las enquanto olha profundamente em seus olhos. Logo você começará a sentir uma conexão consigo mesmo, e é essa conexão que o ajudará a perceber a verdade e o poder dessas palavras.

### Localize a sua sombra

Para a maioria de nós é fácil encontrar as coisas de que gostamos ou não gostamos nos outros – mas é mais difícil identificar essas qualidades em nós mesmos. Para encontrar os lugares onde você tem escondido os seus próprios aspectos em suas sombras, pense em alguém que tenha características que não lhe agradam ou com as quais não concorda e escreva-as. Reserve alguns momentos para refletir sobre cada uma dessas características. Você consegue ver esses mesmos aspectos em si mesmo, em maior ou em menor grau? Lembre-se de que os outros são o espelho para nós mesmos – o que você vê neles é o que também está em você.

O seu eu sombrio não esconde apenas as qualidades negativas, mas também as qualidades positivas que, por qualquer motivo, você tenha medo de compartilhar com o mundo. Para isso, pense em alguém que tenha qualidades que você admira. Reflita sobre o que você escreveu como qualidades positivas. Descubra também onde você personifica essas qualidades.

## Autoperdão por meio do Inventário e da Recapitulação toltecas

Em um exercício anterior, usamos o Inventário e a Recapitulação toltecas para perdoar outra pessoa – agora é o momento de focar essas ferramentas poderosas no perdão de nós mesmos.

Desta feita, em vez de pensar na coisa mais traumática que já aconteceu com você, gostaria que pensasse na coisa mais traumática que você já fez, seja para si mesmo ou para outra pessoa. Isso pode ter sido um momento em que você traiu alguém que confiava em você ou em que você magoou um amigo ou membro da família de alguma forma. Pode ter sido quando negou a verdade sobre quem você realmente é para si próprio e permitiu que a autodomesticação o fizesse se odiar por causa da sua verdade. Escolha a experiência que o parasita arrasta com mais frequência como exemplo de sua indignidade.

A segunda etapa é a mesma: você precisará escrever um relato detalhado desse acontecimento ou situação. Anote o que aconteceu, como você se sentiu, quem estava envolvido, qualquer coisa que você possa lembrar sobre a situação. Quanto mais fundo você cavar, mais energia irá restaurar.

Depois de ter escrito o seu relato da situação, é hora de passar para o processo de recapitulação. Para isso, encontre um espaço tranquilo onde possa se sentar confortavelmente ou se deitar sem ser perturbado pelos próximos minutos. Agora você repetirá o exercício de respiração da recapitulação como antes, só que desta vez você se concentrará no acontecimento em que sente que é o único culpado.

Pensando nessa memória, inspire para atrair de volta as energias que você colocou nela. Essas energias foram colocadas na memória cada vez que você pensou nisso, se condenou por isso ou deixou que isso controlasse ou condicionasse a sua vida de alguma forma. Atraia essas energias à medida que for respirando.

Com a sua mente ainda na situação, expire. Com esta expiração, expulse a negatividade que você manteve em torno desse acontecimento. Ao expulsar a negatividade, você será capaz de abordar a situação com neutralidade distante e poderá vê-la com os olhos da verdade, e não com as suas percepções doloridas.

Repita a inspiração e a expiração enquanto pensa sobre esta situação ou acontecimento até sentir que recuperou toda a sua energia e expulsou toda a negatividade. Se você não atingir um ponto de neutralidade emocional em uma sessão, tudo bem. Basta revisitar o processo de inventário e de recapitulação quantas vezes você precisar até que seja capaz de recuperar toda a sua energia e liberar a negatividade que vem do acontecimento.

# 7
# Divindade e discernimento

## As lições de Madre Sarita

Minha avó, Madre Sarita, não era apenas uma xamã poderosa; ela também era uma fantástica contadora de histórias. Ela compartilhou a história a seguir comigo e com os meus irmãos quando éramos jovens para que pudéssemos aprender a ver a divindade em todos.

*Há muito tempo, no país que hoje é o México, um homem caminhava pelas montanhas recolhendo belas flores para vender, quando de repente uma grande e luminosa força apareceu à sua frente. O homem soube imediatamente que essa força era Deus, e como que para confirmar isso, uma voz falou do campo: "meu filho, esta noite irei visitá-lo em sua casa".*

*O homem era uma pessoa piedosa e ficou muito contente com a notícia. Ele respondeu: "claro, claro, estarei esperando por você!" O homem pegou as flores frescas que havia recolhido e foi para casa preparar a melhor comida e o quarto de hóspedes na expectativa de Deus visitar a sua casa.*

*Algumas horas se passaram e Deus ainda não tinha aparecido. O homem começou a se preocupar se o plano de Deus havia mudado, quando de repente alguém bateu na porta.*

*O homem estava tão empolgado que correu para abrir a porta, mas o que encontrou à sua frente foi uma senhora curvada usando uma bengala.*

*Ela disse: "olá, gentil senhor, eu viajei muito e estou muito cansada. Você tem uma cama onde eu possa dormir esta noite? Estarei de volta ao meu caminho amanhã pela manhã".*

*O homem respondeu: "bem, eu tenho uma cama, mas estou esperando por alguém importante, então não posso ajudá-la neste momento". A mulher foi embora decepcionada.*

*Um pouco mais tarde houve outra batida na porta. O homem se animou e pensou: "Deus finalmente está aqui!" Mas quando ele abriu a porta, encontrou um mendigo, que parecia estar cansado e com fome.*

*"Eu estou com muita fome. Você poderia me dar um pouco de comida, por favor?", o mendigo pediu.*

*O homem respondeu: "Não, hoje eu não posso ajudá-lo. Eu tenho comida, mas já está reservada para outra pessoa". O mendigo também foi embora decepcionado.*

*O homem fechou a porta e disse novamente: "Onde está Deus? Por que Ele não vem?" Poucos minutos depois houve outra batida na porta. O homem abriu a porta de maneira hesitante, na esperança de que fosse Deus. Mais uma vez, não era Deus, mas um grupo de crianças em sua varanda.*

*"Boa noite, senhor, sabemos que vende flores e gostaríamos de fazer uma arte bonita para a praça da cidade. Sentimos muito, mas não temos nenhum dinheiro para comprar as suas flores."*

*O homem olhou para a mesa que havia preparado para o jantar e para o lindo arranjo de flores no centro. "Não, não tenho flores disponíveis, boa noite." Ele disse e fechou a porta.*

*O homem continuou esperando, até que finalmente adormeceu. Quando o homem acordou no dia seguinte, estava cha-*

*teado porque Deus havia mentido para ele e não tinha vindo. Uma semana depois, quando ele voltou à montanha para colher flores novamente, a força luminosa reapareceu.*

*O homem disse: "Deus! Eu estava esperando por você. Por que você não veio?"*

*E Deus disse: "Mas eu vim! Vim sob a forma de uma senhora querendo dormir, e você me rejeitou. Vim sob a forma de um homem querendo comida e você me rejeitou. E vim sob a forma de crianças que queriam criar arte e você me rejeitou. Eu estava lá, mas você não me reconheceu".*

Muitos de vocês reconhecerão esta história como semelhante a uma da tradição cristã. A mitologia grega também tem um conto que expressa a mesma ideia, assim como muitas das tradições espirituais do mundo.

Não sei se minha avó conhecia alguma dessas histórias semelhantes, mas sei que ela tinha clareza sobre uma questão, e essa questão é que Deus, o Grande Espírito, o *nagual*, ou qualquer palavra que você use para descrever o Divino, reside em todos nós. "Se você quiser ver Deus", ela dizia, "basta olhar nos olhos da próxima pessoa que encontrar".

Muitos de vocês são bons em ver a divindade em seus amigos, entes queridos, pais, filhos, pessoas amadas etc., mas um princípio fundamental do xamanismo é que o Divino existe em todos – absolutamente todos, sem exceção.

É preciso um mestre para ver a divindade em um assassino, para ver uma pessoa que prejudica os outros como uma divindade perdida nas convulsões do ódio de si mesmo e de crenças fanáticas, em vez de descartá-los como "malignos" ou "monstruosos".

Para o restante de nós, podemos começar por ver a divindade nas pessoas de quem não gostamos ou com quem não concordamos, ou com quem temos um conflito. Acredito que todas as pessoas que conhecemos estão em nossas vidas por um motivo. Isso significa que elas têm algo para nos ensinar ou uma mensagem que precisamos ouvir. Nossa tarefa é abrir os nossos corações e mentes para ouvi-los e entendê-los, e isso pode ser especialmente difícil quando se trata de pessoas de quem não gostamos.

Em uma escala maior, muitas pessoas no Sonho do Planeta estão atualmente divididas. Vemos este cisma política, financeira e religiosamente, citando apenas algumas áreas. Em vez de chegarem a um acordo baseado em amor e respeito, os lados opostos muitas vezes querem domesticar o outro de acordo com o seu próprio ponto de vista. Algumas dessas divisões se transformaram em conflitos verbalmente abusivos ou violentos, mas para mim todas elas têm algo em comum: são todas resultado do vício da mente em sofrimento.

Embora não possamos fazer nada para mudar o sonho dos outros, o nosso próprio sonho está inteiramente ao nosso alcance. É por isso que eu o convido a olhar para dentro de si mesmo para ver se você está honrando a divindade em todos, incluindo aqueles de quem você discorda. Por exemplo, como você trata as pessoas que não compartilham de suas crenças políticas ou espirituais ou outros pontos de vista que considera importantes? Você tenta subjugá-las à sua própria perspectiva? Você tenta domesticá-las à sua maneira de pensar? Ao tentar domesticar os outros, alimentamos o nosso próprio vício em sofrimento.

Uma prática para reverter isso dentro de você é se concentrar conscientemente na divindade do ser humano sentado à sua frente, respeitando as suas escolhas e pontos de vista, e agindo para com eles a partir de um lugar de amor.

Isso não significa que concordamos com todos e, dependendo das circunstâncias, o amor pode muitas vezes ser entregue de uma maneira "dura" – como dar um firme não a alguém quando este lhe faz um pedido que vai contra a sua verdade – mas em todos os casos de interação nas relações humanas o que mais importa são as nossas intenções.

Ver a todos com os olhos do amor incondicional não significa que você se tornará um capacho. Madre Sarita costumava nos contar uma segunda história para deixar claro este ponto.

*Há muito tempo, lá viviam duas famílias vizinhas. Elas sempre foram gentis umas com as outras. Ambas as famílias cultivavam os seus próprios alimentos, mas em um determinado ano uma das plantações de uma família foi danificada por um incêndio.*

*O homem foi ao seu vizinho de longa data e disse: "é possível que eu consiga um pouco da sua colheita para alimentar a minha família? E você poderia me dar alguma semente para que eu possa recomeçar no próximo ano?"*

*O vizinho respondeu: "Sim, claro, o meu celeiro está aberto. Você pode levar o que precisar para a sua família".*

*Naquele inverno ele pegou o que precisava para alimentar a sua família, bem como sementes para recomeçar as suas próprias plantaçoes. No ano seguinte, o campo da família se recuperou completamente do incêndio e eles tiveram a colheita mais linda de todos os tempos. De fato, a colheita deles foi tão grande que começaram a vender os vegetais e sementes extras no mercado. Mas ele vendeu tanto que, mais uma vez, deixou desprovida a sua própria família. No entanto, como o celeiro de seu vizinho estava aberto, ele decidiu que simplesmente continuaria a tirar as colheitas dele.*

*Isso continuou durante muito tempo, com o agricultor servindo-se do celeiro aberto de seu vizinho para alimentar a sua família. Finalmente, um dia, ele foi buscar comida no celeiro do vizinho e descobriu que estava trancado. Ele bateu na porta do vizinho e perguntou: "O que aconteceu? Por que você fechou o celeiro para mim?"*

*E o vizinho respondeu: "Eu não fechei. Você fechou. Você fechou porque se aproveitou das minhas ofertas".*

O objetivo da minha avó ao nos contar esta história juntamente com a primeira história foi nos ensinar a importância do equilíbrio nos relacionamentos, de estabelecer os limites apropriados. Isso significa dizer não a alguém, respeitando simultaneamente a divindade dentro dele. Dessa forma, você pode derramar todo o amor do seu coração em alguém, mas isso não significa que você vai permitir que essa pessoa se aproveite de você.

É necessário dizer não aos outros às vezes, e fazer isso é ter amor e respeito por nós mesmos. Dizer sim quando você realmente quer dizer não é desrespeitar a si mesmo, e isso só o prepara para sofrer no futuro.

Conforme meu pai frequentemente diz, nós somos aqueles com os quais teremos de viver, portanto, precisamos nos amar e nos respeitar antes de mais nada. Manter limites saudáveis realiza esse objetivo. Todos neste lindo planeta estão criando os seus próprios sonhos, e você os respeita o suficiente para deixá-los fazer as suas próprias escolhas. Todas as escolhas têm consequências, e muitas vezes essas consequências são uma maneira de aprendermos.

Na tradição tolteca falamos muito sobre os perigos do julgamento, mas quero fazer uma importante distinção entre *julgamento* e *discernimento*. Quando julgamos alguém ou a nós mesmos, estamos incluindo ideias de certo e errado, de moralidade e imoralidade, sobre o que deve ou não deve ser.

Discernimento é diferente. Quando se trata de se envolver com outras pessoas, o discernimento é uma ferramenta vital. Com discernimento, estamos simplesmente levando em consideração os fatos e tomando uma decisão apenas com base neles; não há moralidade envolvida.

Por exemplo, na história dos dois vizinhos, se o vizinho que abriu o seu celeiro para o outro o tivesse julgado em vez de usar o discernimento, ele poderia ter dito algo assim: "você é um péssimo vizinho. Eu não posso acreditar que você iria tirar vantagem da minha generosidade. Você me enganou, você não deveria ter feito isso, você precisa se desculpar e ficar prevenido". Como você pode perceber, essa linguagem está carregada de insultos e de veneno emocional, e inclui um comando do que o outro vizinho "deve" ou "não deve" fazer.

Mas na história o vizinho simplesmente trancou o seu celeiro e, quando questionado sobre isso, disse ao outro vizinho o motivo honesto de por que ter agido assim. Ele tomou uma decisão com base nos fatos, mas não incluiu nenhum julgamento moral ou comando no processo. Por meio do uso do discernimento, ele respeitou o próximo e a si mesmo.

Essa era exatamente a questão que minha avó queria enfatizar ao nos contar essas histórias. Ela indicava que existe divindade em todos e sempre acrescentava: "isso inclui você, então seja verdadeiro consigo mesmo e com todos os outros".

## O mito da importância pessoal

Embora possamos ver facilmente como esquecemos a divindade daqueles com quem discordamos, isso também acontece muito comumente com pessoas que tendemos a ignorar. O atual Sonho do Planeta fomenta a noção de que algumas pessoas são mais importantes do que outras, seja devido à sua fama, situação financeira, poder ou o que quer que seja. Na tradição xamânica de minha família, nenhuma dessas ideias poderia estar mais longe da verdade. Somos todos iguais, valiosos e divinos.

Embora seja fácil balançar a cabeça concordando com esse ideal, muitos de nós caímos na armadilha da "importância pessoal" de pequenas maneiras. Você se sentiria nervoso se a sua celebridade preferida de repente entrasse e se sentasse ao seu lado? De uma maneira sutil, você a está elevando a uma posição de importância, mas a verdade é que ela é igual a você.

Isso também funciona de outra maneira. Por exemplo, você às vezes se esquece dos outros? Você os vê pelo papel que desempenham ou pelos seres divinos que são? Por exemplo, observe como você se sente ou interage com o funcionário público que faz um trabalho impopular ou com o caixa enquanto paga a conta do supermercado, com o operador de telemarketing do outro lado da linha ou com a pessoa que limpa o banheiro no aeroporto. Você já se sentiu superior a alguma dessas pessoas? Isso também é um mito.

Toda interação humana é sagrada. Quando reduzimos outras pessoas que encontramos a um papel em nossas mentes, perdemos essa sacralidade. Quando controlamos o nosso tempo e vivemos no agora, compartilhamos um vínculo com cada pessoa com quem entramos em contato.

Eu tenho um amigo que é presente na vida de todos e, como resultado, todos que ele conhece parecem considerá-lo seu melhor amigo. Ao observá-lo, percebi que ele sempre fazia perguntas sobre a vida dos amigos e que realmente queria saber a resposta. Quando ele pergunta: "Como vai você?" não é simplesmente para ser educado; ele espera com seriedade pela resposta e faz isso com todos.

Em meus seminários, às vezes gosto de fazer a seguinte pergunta: "Quem é a pessoa mais importante do mundo?" Normalmente recebo uma variedade de respostas que abrangem uma vasta gama: meu pai, meu filho, minha amada, meu melhor amigo, eu mesmo. No entanto, na minha opinião, a pessoa mais importante do mundo é quem quer que esteja com você neste exato momento. Você está sentado em uma reunião com um colega de trabalho? Este colega de trabalho é a pessoa mais importante neste momento. Você está em um cinema lotado? Estas são as pessoas mais importantes, pois é com elas que você está agora, neste exato momento.

O agora é onde vive o Divino. O Divino não reside no passado ou no futuro. É por isso que é importante honrar e ouvir aqueles com quem você está, mesmo aqueles de quem você pode discordar, ter conflitos ou rejeitar em um primeiro momento como sem importância. Eles também são seres divinos, e como você trata a divindade neles é como você trata a divindade dentro de si mesmo.

## Exercícios

*Vendo a divindade em todos*

Quando estiver na agitação do dia a dia, experimente uma ou duas dessas práticas por dia para se lembrar da divindade em todos aqueles ao seu redor e da sacralidade em cada interação. Observe como você se sente depois de realizar algumas dessas práticas. Você também pode desenvolver as suas próprias práticas à medida que se tornar melhor em ver a divindade em todos:

- Silenciosamente diga para si mesmo: "eu vejo o *nagual* em você" toda vez que passar por alguém hoje.
- Sorria para um estranho.
- Agradeça a cada pessoa que lhe entregar algo, desde um cartão de visita, até uma sacola de comida no *drive-through*. Faça uma pausa e olhe-os face a face quando disser isso.
- Deixe uma mensagem de encorajamento para um amigo expressando a sua gratidão pela sua vida e luz no mundo. Você também pode fazer isso por alguém anonimamente em determinadas situações.
- Faça algo de bom para alguém de quem você discorda e não conte a ele ou a ninguém sobre isso.

## *Ouça*

O meu pai sempre diz que, se ouvirmos os outros, eles nos dirão como estão sonhando. Quando você souber como eles estão sonhando, saberá a melhor maneira de ajudá-los.

Muitas conversas nos dias de hoje não envolvem a escuta. Se você observar atentamente, poderá ver como as pessoas falam umas com as outras – e umas sobre as outras. Às vezes, quando estamos em uma conversa, deixamos as nossas mentes vaguearem – se não completamente para algum outro pensamento, então para o que vamos dizer em alguns minutos, quando for a nossa vez de falar. Se você deseja ter uma interação sagrada com a outra pessoa, o primeiro passo é realmente ouvi-la. Ouça sem julgar; ouça sem pensar no que vai dizer a seguir. Apenas ouça. Ao fazer isso, você descobrirá qual é a mensagem dessa pessoa para você e experimentará a sacralidade dessa conexão no processo.

Em muitas escolas de psicologia, eles chamam esse tipo de comportamento de *escuta ativa*. Listei algumas técnicas para ajudá-lo a praticar a escuta ativa:

• Use a sua linguagem corporal acenando com a cabeça ou sorrindo para demonstrar que está envolvido na conversa.

• Olhe diretamente para a pessoa que você está ouvindo. Faça contato visual.

• Tente não seguir quaisquer pensamentos perturbadores que surjam – incluindo planejar o que você vai dizer a seguir.

• Faça perguntas para esclarecimento e, ocasionalmente, resuma o que a pessoa lhe disse para que você possa ter certeza de que realmente está ouvindo o que ela está dizendo, em vez de colocar o seu próprio preconceito e distorcer as palavras dela.

# 8
# O Dia dos Mortos

## A morte e a homenagem aos nossos antepassados

Na tradição xamânica é dada grande importância à homenagem aos nossos antepassados. Conforme ilustrado na analogia do carvalho desde a introdução, nenhum de nós estaria aqui sem a miríade de acontecimentos que ocorreram antes do nosso tempo, e não há exemplo mais claro disso do que quando olhamos para os nossos pais, avós, bisavós e assim por diante, todos os quais foram necessários para que estivéssemos aqui hoje.

No México, temos um dia especial chamado *Día de los Muertos*, ou o Dia dos Mortos, que é uma grande celebração que homenageia os nossos entes queridos e amigos que já não se encontram mais em seus corpos físicos. Algumas pessoas pensam que a origem dessa celebração tem raízes na Igreja Católica, mas, na verdade, esta tradição é muito mais antiga e já era realizada muito antes da conquista da região pelos espanhóis.

Atualmente o Dia dos Mortos é um feriado nacional no México, e as pessoas se reúnem em cemitérios e igrejas para comemorar. Existem muitos festivais e desfiles, todos centrados em homenagear os entes queridos falecidos. Assim como acontece com a história da criação do que hoje é a moderna Cidade do México, existe outro significado por trás do Dia dos Mortos.

*Há muito, muito tempo, no que atualmente é chamado de região de Chiapas, no México, um jovem e uma jovem estavam profundamente apaixonados. Eles gostavam da companhia um do outro e planejavam se casar. Um dia eles estavam subindo as montanhas na floresta tropical. Eles estavam rindo e brincando à beira de uma cachoeira, quando de repente ele perdeu o equilíbrio, caiu na água, foi arrastado pela cachoeira e mergulhado até a morte.*

*A mulher presenciou tudo isso com horror e estava cheia de tristeza pela perda de seu amado. Ela se culpou por não ter sido capaz de ajudá-lo.*

*Uma vez por ano ela fazia uma peregrinação pela montanha para honrar a morte de seu amado. Ela visitou o local onde ele havia morrido e ergueu um pequeno altar sobre o qual colocava flores. A sua viagem se tornou tão regular que outros aldeões faziam fila e assistiam ao seu cortejo.*

*Depois de muitos anos, no aniversário de morte do seu amado, a mulher começou a fazer a sua peregrinação costumeira, mas, desta vez, quando chegou ao topo, havia um importante xamã sentado ao lado da cachoeira. O xamã disse a ela: "é maravilhoso homenagear os mortos, mas a quem você está homenageando?"*

*A jovem estava confusa.*

*O xamã continuou: "se você quer honrar os mortos, você honra a pessoa errada. Olhe no espelho. É você quem está morta. Você não está se permitindo continuar com a sua vida. Qualquer pessoa que vive acorrentada ao passado vive com medo e tristeza. O arrependimento não é viver; é morrer".*

*A jovem estava refletindo sobre suas palavras quando de repente uma esfera de luz brilhante apareceu sobre a cabeça do xamã, e ela sabia que era o espírito de seu amado. A voz de seu amado falou pela esfera.*

*"Eu estou com você em todos os lugares, todo o tempo. Você entende? Eu estou vivo. Mas e você? Está morta ou viva?"*

*Essa experiência mudou a jovem e ela se sentiu livre pela primeira vez em muitos anos. Ela voltou para contar às pessoas de sua aldeia sobre o que tinha visto e experimentado, mas eles não entenderam. Ela tentou dizer a eles que seu amado estava vivo e que era ela quem estava morta, mas ninguém ouviu. Ela disse a eles que deixaria de fazer a sua peregrinação para homenagear os mortos, mas os aldeões decidiram que, em vez disso, fariam a peregrinação e também um grande desfile e festa para celebrar os mortos.*

Em um determinado Dia dos Mortos, quando eu era adolescente, a minha avó me disse: "hoje é o dia em que celebramos os mortos que ainda estão vivos!" Na época, eu não a entendi realmente, mas à medida que cresci e aprofundei a minha própria formação xamânica comecei a entender o que ela queria dizer.

Eu já estive morto: eu estava com medo. Eu estava cercado de culpa, vergonha e julgamento. Eu fingi ser alguém que não era para conseguir aprovação. Eu duvidei de mim mesmo e não pratiquei o que dizia, não abri o meu coração e usei as minhas palavras contra mim mesmo. Eu estava viciado em sofrimento.

O significado mais profundo do Dia dos Mortos não é celebrar os entes queridos que já faleceram, mas sim lembrar aos mortos que ainda estão vivos que é tempo de acordar. Durante o Dia dos Mortos, imaginamos um ente querido vindo do túmulo. Ele vê como você está sofrendo e diz: "ei, você está vivo! Você não está morto, está vivo! Vamos, acorde e celebre a vida! Chega de estar morto".

Esse é exatamente o propósito do Dia dos Mortos na tradição tolteca. É um convite para voltar à vida, para ressuscitar.

É a oportunidade de renovar o seu compromisso de acabar com o vício da sua mente em sofrimento e viver por meio do *nagual*, ou da força vital, existente dentro de você.

Quando vemos com absoluta clareza que estamos causando sofrimento em nossas próprias mentes, começamos a viver de maneira diferente. Deixamos ir quem fingimos ser e começamos a ser quem somos; aprendemos a receber bem o que vem até nós em vez de lutar contra isso. Quando percebemos que somos como mortos vivos porque o nosso vício em sofrimento nos impede de estarmos vivos, então somos capazes de viver verdadeiramente – não apenas por meio de nossos corpos físicos, mas com todo o amor em nossos corações. Isso é o que significa ser ressuscitado. Não morremos e voltamos em um novo corpo ou em qualquer uma dessas coisas – mas abandonamos a antiga maneira de viver e nos conectamos com a vida, com o *nagual* que está ao nosso redor e dentro de nós. Então somos ressuscitados dos mortos. Tornamo-nos vivos mais uma vez.

## Celebre a vida

Uma das últimas coisas que minha avó me disse antes de sua própria passagem foi: "meu neto, você está vivo. Não deixe que a sua mente, que a sua negatividade, supere o melhor de você. Um dia você vai deixar de ser viciado em sofrimento. E você realmente saberá que não está mais morto, que está vivo porque está celebrando a vida".

Celebrar a vida começa com diversão! Por muitas vezes procuramos a nossa própria liberdade pessoal com tanta diligência e seriedade que nos esquecemos que o caminho xamânico também envolve diversão. Podemos ficar tão devotados ao nosso trabalho interno e externo que nos esquecemos que uma boa gargalhada é uma das melhores curas para o vício da mente em sofrimento.

Aproveitar a vida e fazer coisas por nenhuma outra razão senão para se divertir faz parte da manutenção do equilíbrio. O vício da mente no sofrimento pode ser um obstáculo sutil para isso, sempre nos lembrando do que precisamos fazer ou realizar a seguir. Esta é uma armadilha comum de cair, especialmente no mundo moderno.

Em um nível mais profundo, celebrar a vida não é apenas pelos bons momentos, mas também pelos maus momentos. Em outras palavras, quando podemos ver tudo o que nos acontece na vida como um presente em vez de uma tragédia, podemos começar a celebrar não apenas as coisas que normalmente poderiam trazer uma celebração (aniversários, promoções, férias), mas também o que geralmente pensamos como adversidades (a perda de um emprego, de um ente querido, um divórcio etc.).

Vemos estes últimos como "ruins" porque os nossos julgamentos, crenças e domesticações nos disseram que perder algo dessa forma é negativo e, às vezes, até mesmo um fracasso pessoal. Mas à medida que a nossa compreensão do amor e da vida se aprofunda, não vemos mais esses tipos de mudanças como fracassos, ou mesmo como coisas negativas, mas sim como uma oportunidade para aprender a deixar ir, para dar lugar a algo novo, para fluir com os ciclos da vida. Mesmo que a mudança possa ser dolorosa no momento, você pode comemorar com lágrimas e tristeza, mas também com a fé de que a vida tem algo a mais reservado para você.

Às vezes, essa celebração vem com pequenos passos. Primeiro, simplesmente celebrando o fato de que você sobreviveu à mudança, mas eventualmente você aprende a celebrar estas mudanças pela oportunidade que elas lhe dão de acrescentar profundidade e sabedoria ao seu ser. Elas estão ensinando que você pode enfrentar qualquer desafio que surgir, que você está seguro na presença do Divino, e não importa o quão difícil seja a situação em questão, você ficará bem porque você é a vida.

No xamanismo, celebrar a vida significa ter um coração aberto e grato por tudo o que a vida nos traz. Este coração aberto é o que permite que você veja para além do que a mente normalmente rotula como "bom" ou "mau", o suficiente ou não o suficiente, até mesmo feliz e triste. Quando você reside no *nagual* que existe em todas as coisas, descobre que é capaz de manter o seu coração aberto mesmo perante ataques terroristas, catástrofes naturais ou qualquer outro pesadelo no Sonho do Planeta. A alternativa é deixar que essas situações o tragam de volta para o vício do sofrimento, e é assim que o ciclo da negatividade continua.

Celebrar a vida não significa que você não experimentará as emoções humanas normais de tristeza e pesar. Uma das coisas bonitas de ser humano é que podemos ter diversas emoções, positivas e negativas, ao mesmo tempo. Significa que você sente essas emoções sem lutar contra elas, sem transformá-las em venenos emocionais de raiva, desejo de vingança ou ódio.

Abraçar tragédias com o coração aberto é uma das práticas mais difíceis de realizar. É preciso muita coragem até mesmo para tentar viver dessa maneira.

### Celebre a sua perfeição

Muitas vezes nos apegamos a antigas ideias de vício e virtude, de suficiente ou não o suficiente. Isso é uma das coisas que nos fazem viver como se estivéssemos mortos. A fim de celebrar a nossa perfeição, devemos desistir da ideia de que somos um projeto à espera de ser realizado ou um objetivo que precisa ser alcançado. Você não é uma mercadoria com defeito. Você é perfeito exatamente do jeito que é.

O vício do sofrimento é complicado, e procurar pelo seu eu "perfeito" é, na verdade, apenas uma maneira de permanecer preso ao vício. Você não precisa ser o xamã "perfeito". Você já é o xamã perfeito.

Não há nada de errado com você, e isso inclui o momento em que você está sofrendo ou criando sofrimento. Sofrer não significa que você seja de alguma maneira deficiente, insuficiente ou incapaz. Tudo o que viver em sofrimento significa que, neste momento, você escolheu o sofrimento em vez da paz. Isso acontece. E isso acontece com todas as pessoas do planeta. Conforme minha avó me explicou, o sofrimento não é um estado de ser permanente. É para isso que você está acordando: para a compreensão de que pode escolher a paz em vez do sofrimento ou vice-versa. Essa compreensão leva tempo, mas a semente já foi plantada.

Uma das coisas mais difíceis de fazer para muitos de nós é aceitar a nossa própria perfeição. Frequentemente olhamos para nós mesmos, para as nossas vidas, para as nossas situações da vida etc., e esperamos que correspondam a algum objetivo ou ideal que fomos domesticados para acreditar que seja verdadeiro para nós. Quando não correspondemos a essas expectativas impossíveis, nos colocamos para baixo e a negatividade entra sorrateiramente. Dessa forma, criamos sofrimento para alimentar o vício de nossa mente por ele.

É uma coisa difícil de nos libertarmos, porque este tipo de sofrimento é algo que nos é ensinado há muitos, muitos anos, desde quando éramos crianças. Atualmente é a maneira predominante de pensamento no Sonho do Planeta, portanto, levará tempo e prática para se libertar.

Aqui está o que é importante lembrar, uma mensagem diretamente do meu coração para o seu, da verdade para a verdade:

Você é perfeito, meu amigo, exatamente como você é. Celebre isso!

## Celebre os seus antepassados

Embora a tradição do Dia dos Mortos seja um chamado para acordarmos para o fato de que estamos vivendo como mortos, também é uma tradição importante para celebrar os nossos antepassados. Na tradição tolteca honramos os nossos ancestrais apenas com alegria e gratidão em vez de tristeza. Este dia é uma celebração.

A tristeza é natural e normal, e de forma alguma estou sugerindo que você diminua ou encubra a tristeza que você sente pela morte de um ente querido. É evidente que você deve compartilhar e trabalhar a sua dor tanto quanto for necessário. Mas o que estou pedindo que você faça é que, sempre que se lembrar de seus antepassados e entes queridos que já morreram, lembre-se também da luz brilhante do amor que eles realmente são em um nível mais profundo, assim como a luz brilhante que veio para a mulher no topo da montanha. A luz disse à mulher para voltar à vida em vez de viver na morte. Esta é a mesma mensagem que a luz brilhante de seus entes queridos está transmitindo para você. À medida que você regressa à vida e deixa de viver na morte, gradualmente a dor da perda deles diminuirá e você se lembrará dos presentes que eles deram a você e ao mundo.

Para muitos de nós, o fato de que todos os corpos morrerão tem sido frequentemente enfrentado com resistência ou negativismo, mas na realidade é uma das coisas que tornam a vida bonita. Saber que nossos corpos algum dia irão morrer é o que nos leva a valorizar e desfrutar ainda mais o Sonho do Planeta e a viver o momento presente.

É uma verdade fundamental que tudo o que nasce acabará por morrer. O seu corpo tem um dia de nascimento, e isso significa que também terá um dia de morte. Isso é verdade para todos nós e para todas as coisas vivas. Mas o que também é verdade é que você não é o seu corpo, e muito do nosso sofrimento é gerado pela crença errônea de que somos os nossos corpos. Se acreditamos nisso, então pensamos que a morte é negativa porque é o nosso fim – e isso seria muito assustador se fosse verdade. Felizmente, isso é apenas uma história da mente.

Nós somos energia e feitos do mesmo amor e da mesma energia vital que tudo ao nosso redor, o *nagual*. O *nagual* não termina. Não tem dia de morte. O *nagual* é eterno e, uma vez que somos feitos do mesmo *nagual*, como podemos ser menos do que eternos e vastos? Os nossos corpos morrerão – e não sabemos o que acontecerá a seguir – mas não há nada a temer. Isso é simplesmente uma nova jornada, uma nova oportunidade e uma nova aventura. É por isso que a morte é tão bonita e pode ser tão bonita quanto o nascimento, porque, assim como o nascimento, é a entrada em um novo estado de ser. Nós não somos a matéria física de nossos corpos, mas a energia. E a energia não pode ser criada nem destruída.

## Exercícios

*Prática diária de gratidão para celebrar a vida*

Como meu pai gosta de dizer, podemos fazer deste mundo o paraíso perfeito ou o inferno perfeito, e essa escolha depende inteiramente de você. De acordo com a minha experiência, cultivar a gratidão dentro de nós mesmos é a chave para a celebração, e a celebração, por sua vez, é a chave para criar o paraíso.

Convido você a começar a escrever uma lista das coisas pelas quais é mais grato todas as manhãs. Pode ser qualquer coisa que o leve a experimentar um sentimento de gratidão. Alguns dias eu simplesmente me sinto grato por ter acordado ou pelo sol ter nascido – e isso é o suficiente. Em outros dias, estou explodindo de gratidão pela vida, amigos, família, animais de estimação, projetos e qualquer outra coisa que fará parte do meu dia. Ao criar esta lista pela manhã, você estabelece o tom para o resto do seu dia: de gratidão e agradecimento.

Depois de ter feito a sua lista, reserve alguns minutos para lê-la em voz alta, com emoção. Algo mágico acontece em sua mente quando ouve as palavras expressadas com emoção, e você começa a sentir a emoção mais profundamente do que se simplesmente tivesse lido as palavras silenciosamente ou sem entonação. Depois de ler a sua lista em voz alta, sente-se em silêncio com os olhos fechados e experimente o sentimento de gratidão por tudo o que está em sua lista. O objetivo é aprimorar essa sensação de gratidão, pois você carregará consigo o resto do dia esse sentimento de gratidão que você reconheceu.

No fim do dia, ao se deitar para dormir, lembre-se da lista que fez pela manhã e leve essa gratidão com você para os seus sonhos.

*Veja a sua perfeição em cada espelho*

Em um exercício anterior, sugeri que você ficasse na frente do espelho pela manhã e dissesse a si mesmo que era perfeito. Agora, gostaria que você fosse mais longe com essa prática.

Toda vez que você passar por um espelho, olhar em uma superfície refletora ou se avistar com o canto de olho, repita em voz alta (se puder) ou silenciosamente: "eu sou perfeito".

Eu quero que você veja cada espelho como uma oportunidade de reconhecer a sua perfeição: quando você lava as mãos na pia do banheiro em seu escritório, quando você vê o seu próprio olho no espelho retrovisor na hora do trânsito, quando você tem de esperar que uma porta de vidro deslizante se abra. Considere em quantas superfícies refletoras você passa todos os dias e em quantas delas você se vê. Quantas vezes você já usou isso como uma oportunidade para apontar os seus próprios defeitos? É o número de vezes que eu quero que diga a si mesmo: "eu sou perfeito".

*Crie um altar ancestral*

Tradicionalmente falando, o altar do *Día de los Muertos* é criado para que a família deixe oferendas para os seus entes queridos que já faleceram. O altar contém imagens ou artigos que eram preciosos para o falecido. Algumas famílias incluem iconografias religiosas ou espirituais de sua escolha, como uma forma de abençoar o altar. O altar tradicional também contém velas, flores, doces, alimentos ou bebidas (do tipo alcoólicas) e ocasionalmente até dinheiro – todos deixados no altar como forma de festejar e compartilhar não apenas com aqueles que estão presentes na vida, mas também com os que já morreram.

Para os nossos propósitos, sabemos que o Dia dos Mortos é um lembrete para acordarmos da morte e começarmos a viver novamente, portanto, o nosso altar será um pouco diferente do altar tradicional, embora muitas coisas que você possa fazer ao criar o seu próprio altar sejam semelhantes ou inspiradas nos altares tradicionais. Usaremos este altar de maneira semelhante: não apenas para homenagear e agradecer aos nossos entes queridos que já faleceram, mas como um lembrete diário para nos certificarmos de que estamos realmente vivos.

Aqui estão algumas coisas que você pode incluir ao criar o seu altar:

- um cachecol ou lenço;
- fotografias de família (de si mesmo, de entes queridos falecidos ou de outras pessoas que você deseja homenagear);
- flores (artificiais são uma boa ideia se você deseja manter o altar o ano todo, mas as flores sazonais também são muito bonitas);
- artigos, bugigangas, símbolos que o lembrem daqueles que já morreram ou que são significativos para você de alguma outra forma;
- velas ou incenso.

Muitas vezes as pessoas colocam o cachecol ou o lenço como base e, em seguida, organizam as velas, fotos, flores etc. por cima dele para criar um bonito arranjo, mas você deve fazer tudo o que ressoe e pareça brilhante e adorável para você. A única sugestão que tenho aqui é que você deve incorporar o máximo de cor que puder. Afinal, o Dia dos Mortos é uma celebração, e não por causa dos sentimentos negativos que a cor preta muitas vezes pode inconscientemente trazer à tona.

Uma vez que o seu altar estiver no lugar, reserve um momento todos os dias para ficar um tempo nele e use isso como uma chance de "alcançar" não apenas os seus entes queridos que não estão mais em formas físicas, mas também a si mesmo. Sinta-se à vontade para se dirigir aos seus entes queridos como se eles estivessem sentados ao seu lado: converse com eles e conte-lhes sobre o seu dia ou quaisquer dificuldades que tenha enfrentado. Depois, antes de deixar o altar, sente-se em meditação e permita-se refletir sobre o que você compartilhou e veja o que surge.

Essas respostas podem não vir a você de imediato, mas usar o seu altar como um lugar para refletir sobre a sua própria vida e morte servirá para lembrá-lo qual é o seu verdadeiro objetivo e fará com que todos os dias sejam como o Dia dos Mortos – uma oportunidade para você aprender a estar vivo.

# Posfácio

Ao chegarmos ao fim deste livro, gostaria de falar sobre outro professor espiritual indiano que viveu durante o século XX: Jiddu Krishnamurti.

Quando ainda era um menino que morava nas favelas da Índia, Krishnamurti foi "descoberto" por membros da Sociedade Teosófica, uma organização espiritual fundada nos Estados Unidos no fim do século XIX, cujos membros eram principalmente ocidentais.

Muitos na Sociedade Teosófica acreditavam que Krishnamurti era um mestre reencarnado, e algumas pessoas na organização pensavam até mesmo que ele era a segunda vinda de Jesus Cristo. Por causa disso, eles o acolheram e o mandaram para ser educado na Europa, preparando-o para se tornar o futuro líder da Ordem da Estrela, um dos subgrupos da sociedade.

Quando Krishnamurti atingiu a maioridade, ele foi indicado para assumir a ordem e fazer o seu primeiro discurso como o novo "professor mundial". Milhares de pessoas estavam presentes na cerimônia de 3 de agosto de 1929, além de vários ouvintes de todo o mundo por meio do rádio recentemente inventado. Ele começou o seu discurso com a seguinte história:

*O demônio e um amigo seu estavam caminhando pela rua, quando viram à frente deles um homem se abaixar e pegar algo do chão, olhar e guardar no bolso.*

*O amigo disse para o demônio: "o que aquele homem pegou?"*

*"Ele pegou um pedaço da Verdade", disse o demônio.*

*"Isso é um péssimo negócio para você, então", disse seu amigo.*

*"Oh, de modo algum", o demônio respondeu. "Eu vou deixá-lo organizar a Verdade."*

Krishnamurti então declarou que o seu primeiro ato como chefe da ordem seria dissolver a ordem, conforme anunciou: "a verdade é uma terra sem caminhos... a partir do momento que você segue alguém, deixa de seguir a verdade". Ao que parece, a Sociedade Teosófica tinha encontrado um grande líder espiritual, mas não da maneira que esperava.

O mesmo acontece com o xamã.

Você é um xamã quando sabe que a verdade que busca está dentro de você. Não há ninguém a seguir, nenhuma organização que possa liderar você, porque você é o artista da sua vida e sabe que o poder de criar a sua obra-prima está em suas próprias mãos.

Como um artista, você pode criar o que quiser – pode criar algo bonito ou assustador, o paraíso mais lindo ou o inferno mais perfeito; tudo está em suas mãos. Como um xamã, você sabe que o seu principal adversário para criar o paraíso perfeito é o vício da mente pelo sofrimento.

Quando você refletir sobre essas histórias, a minha esperança é que veja os xamãs não como mestres antigos cujos dias se foram, mas sim como professores vivos cujas mensagens são tão relevantes atualmente quanto eram há centenas e milhares de anos. Convido você a usar essas histórias e as ferramentas que elas representam para ajudá-lo a seguir em frente a fim de quebrar o ciclo de sofrimento perpetuado por sua mente, para sonhar as suas próprias possibilidades e torná-las evidentes.

Essas ferramentas são suas. Elas são as ferramentas do sol, da lua, da floresta, do rio, dos animais – e o mais importante, todas apontam para o poder que vem de dentro de você.

Essa é a sabedoria do xamã.

Conecte-se conosco:

 facebook.com/editoravozes

 @editoravozes

 @editora_vozes

 youtube.com/editoravozes

 +55 24 99267-9864

www.vozes.com.br

Conheça nossas lojas:

www.livrariavozes.com.br

Belo Horizonte – Brasília – Campinas – Cuiabá – Curitiba
Fortaleza – Juiz de Fora – Petrópolis – Recife – São Paulo

  Vozes de Bolso

**EDITORA VOZES LTDA.**
Rua Frei Luís, 100 – Centro – Cep 25689-900 – Petrópolis, RJ
Tel.: (24) 2233-9000 – E-mail: vendas@vozes.com.br